Kultur FORUM

Anja Zeller

Kleines Hanau-ABC

Mit vielen Fotos
von Doris Schneider

Husum

Hanau – von Anfang an

Von den Kelten bis zu den Konversionsflächen US-amerikanischer Militärgebiete reicht die lange Siedlungsgeschichte der Stadt Hanau. Jungsteinzeitliche Funde aus Auheim, Steinheim und Mittelbuchen, römische Münzen und Schriftstücke aus Kesselstadt zeugen von den vor- und frühgeschichtlichen Bewohnern, während die offizielle Stadtgründung erst 1303 auf einer Halbinsel in den Kinzigauen kurz vor der Mündung in den Main erfolgte. Von ein paar Häuschen an der kleinen, feuchten Burg auf dem Gebiet des heutigen Schlossgartens ist Hanau auf knapp achtzig Quadratkilometer links und rechts des Mains angewachsen. Rund 100 000 Einwohner leben mittlerweile in der sechstgrößten Stadt Hessens. Mit der Erlaubnis, Burg und Ortschaft zu befestigen, ging im Mittelalter das Marktrecht einher. Der Hanauer Wochenmarkt, zunächst nur am Mittwoch, später auch am Samstag, ist bis heute Dreh- und Angelpunkt des städtischen Lebens geblieben.

Groß-Steinheim auf der südlichen Mainseite wurde 1320 ebenfalls zur Stadt erklärt, aber erst 1974 zu Hanau eingemeindet; rechts und links des Mains wurden die Burgen über die Jahrhunderte in stattliche Innenstadtschlösser umgebaut. Die Hanauer Herren durften sich ab 1429 Grafen nennen, den Schwan hatten sie sich da schon länger zum Wappentier gewählt. Ihr Territorium, das lange in die beiden Teile Hanau-Lichtenberg mit Residenzen in Babenhausen und Buchsweiler im Hanauerland (Elsass) und Hanau-Münzenberg mit Hauptsitz in Hanau aufgespalten war, bestand bis 1736.

Als Graf Philipp Ludwig II. von Hanau-Münzenberg niederländischen und wallonischen Glaubensflüchtlingen erlaubte, sich vor dem südlichen Stadttor von Alt-Hanau anzusiedeln, war der Grundstein für den erfolgreichen Industriestandort gelegt. Die Neubürger waren unternehmerisch denkende Goldschmiede und Juweliere, Textil- und Papierhersteller, die viele Wirtschaftszweige in die kleine Residenzstadt brachten. Das neue Hanau wurde als Planstadt um zwei große Plätze angelegt, bewehrt und durch einen Kanal mit dem Main verbunden, blieb aber in der Verwaltung

bis ins 19. Jahrhundert von Alt-Hanau getrennt.
Ab 1701 richteten sich die Hanauer Grafen Schloss Philippsruhe bei Kesselstadt als prächtigen Zweitwohnsitz ein. Wilhelm IX., Erbprinz von Hessen-Kassel, ließ zwischen Alt- und Neustadt einen dritten rechteckigen Platz anlegen: Am Paradeplatz 1 wurden bald darauf die Brüder Grimm geboren. Der zukünftige Landgraf baute auch das im Zweiten Weltkrieg und in der Nachkriegszeit zerstörte Stadttheater, stiftete 1772 die Zeichenakademie und ließ das Wilhelmsbad unweit seiner Fasanerie in einem englischen Landschaftspark erbauen.
Ende des 19. Jahrhunderts entwickelte sich das Lamboy zum Standort mehrerer Kasernen. Offiziere und ihre Familien zogen nach Hanau, für die gründerzeitliche Wohnungen errichtet wurden. Bemerkenswert sind auch die Arbeiterviertel im Reform- und Bauhausstil, ob am Beethovenplatz oder um die Werksgelände der traditionsreichen Weltunternehmen Dunlop, Heraeus und Vacuumschmelze im Osten der Stadt. Schwere Bombardierungen am 6. Dezember 1944, am 6. Januar 1945 und vor allem in den frühen Morgenstunden des 19. März 1945 haben nicht nur zweitausend Menschen das Leben gekostet, sondern auch neunzig Prozent der historischen Bausubstanz in der Innenstadt zerstört. Rekonstruiert wurden die beiden Rathäuser, die Wallonisch-Niederländische Kirche und das Frankfurter Tor. Ein ganzes Netz von Fußgängerzonen mit noch vielen kleinen inhabergeführten Geschäften lädt zum erlebnisreichen Einkaufsbummel und zur Erholung in sympathischen Straßencafés. Die Brüder Grimm Festspiele und der Konzertsommer locken Besucher aus nah und fern ins Amphitheater bei Schloss Philippsruhe. Neben einem der schönsten und größten Wochenmärkte Hessens auf dem Neustädter Marktplatz zu Füßen der Brüder Grimm finden Kunsthandwerkermärkte im Schlossgarten statt. Antik-, Bücher- und Bauernmärkte werden am Goldschmiedehaus veranstaltet. Auch die alten Ortskerne der im 20. Jahrhundert eingemeindeten umliegenden Dörfer und Städte, allen voran Steinheim und Kesselstadt, haben sich, mit eigenen Festen und Märkten, sehenswert erhalten.

Altstadt

Wer Ruhe sucht oder abends ausgehen will, ist in der Altstadt richtig. Am beschaulichen Marktplatz, in den engen Gassen mit netten Kneipen fühlt man sich in ein mittelalterliches Städtchen versetzt, das Hanau tatsächlich einmal war.

Doppelwappen am Kanzleigebäude

Für das zwölfte Jahrhundert ist als Ur-Hanauer der Bewohner einer Wasserburg bekannt, die in den sumpfigen Kinzigauen auf einem Schwemmlandrücken im heutigen →*Schlossgarten* errichtet worden ist. Jener urkundlich erwähnte Tammo de Hagenouwa trug seinen unwirtlichen Wohnort – den umhegten Wald (einen Haag) an der Au – im Namen. Nach ihm ist später die Siedlung benannt worden, die sich südlich der kleinen Burg entwickelte. Kaufleute, Handwerker und Bauern ließen sich nieder. Eine seit 1338 urkundlich belegte Wehrmauer schützte das Städtchen. Reste sind in der Schlendergasse, in Markt- und Nordstraße erhalten; der ehemalige Wasserturm am Kanzleigebäude stammt ebenfalls aus dieser Zeit und gilt als Hanaus ältestes erhaltenes Gebäude. Als ein Jahrhundert später die Herren von Hanau-Dorfelden ihr Schloss in Windecken zugunsten Hanaus aufgaben, entwickelte sich das Städtchen zur Residenz. Ein Rathaus wurde am Altstädter Markt erbaut. Schon 1537 übernahm das frei stehende Prachtgebäude gegenüber, das heute als →*Deutsches Goldschmiedehaus* weithin bekannt ist, seine Funktion und diente auch als Markthalle und Ort der Rechtsprechung. Die Wasserburg wurde zu einem Schloss erweitert, in dem es sich im 18. Jahrhundert Erbprinz →*Wilhelm IX.* von

Hessen-Kassel bei aus Frankreich importierten Austern gut gehen ließ – die Schalen wurden im 20. Jahrhundert wieder ausgegraben. Abgesehen vom 1766 angelegten und später vergrößerten Schlossgarten haben sich von Hanaus Innenstadtresidenz aber nur der Marstall mit einem bemerkenswert kunstvollen Reiterportal, der Fronhof und das Kanzleigebäude aus der Barockzeit erhalten. Schuld daran ist nicht der Zweite Weltkrieg allein. Schon 1829 hatte Kurfürst Wilhelm II. die Idee, seine Residenz rundum erneuern zu lassen, wofür er – unter Protesten der Bevölkerung – die alte Wasserburg niederreißen ließ. Zum geplanten Neubau kam es allerdings nie.

Die historische Wehrmauer ist in der Schlendergasse erhalten.

Apfelwein

Es gibt ihn wieder, den „Hanauer Apfelwein“, komponiert vom Kellermeister Jörg Stier, der auch das „Staanamer Gold“ und einen „Krawallschoppen“ zur Erinnerung an das Wilhelmsbader Fest im Programm hat. Er sitzt allerdings in Maintal-Bischofsheim. Eine eigene Kelterei besitzt die Brüder-Grimm-Stadt selbst längst nicht mehr, auch wenn am letzten Augustwochenende im Steinheimer Schlosshof seit sechzig Jahren das Bundesäppelwoifest gefeiert wird und das frisch gekrönte Bundesäppelwoikönigspaar das „Stöffche“ ausschenkt. →*Steinheim* ist auch Startpunkt der Hessischen Apfelweinstraße, die über Maintal, Bergen-Enkheim und Seckbach bis nach Frankfurt-Sachsenhausen führt und sich im Frühjahr während der Baumblüte oder im Spätsommer kurz vor der Apfelernte von ihren schönsten Seiten zeigt. In den Neunzi-

Apfelweinetikett Steinheimer Gold

gerjahren des 20. Jahrhunderts hat die Süßmosterei Jung in der Altstadt Steinheims aufgegeben. Der Wirt des „Hofbrauhaus“ (dessen Vorfahren hier von 1830 bis 1917 Bier gebraut haben) war die wichtigste Anlaufstelle für alle, die ihre Äpfel auf den Streuobstwiesen rund um Steinheim, im Spessart, im Vogelsberg, im Odenwald aufgesammelt haben. Man gab sie bei Konrad Jung in die Presse und bekam frischen Süßen als Lohn zurück. Als der Platz im Hofbrauhaus nicht mehr ausreichte, wurden die tiefen Keller der Zehntscheune, der einstigen kurmainzischen Steuerzentrale, zur Lagerung des Apfelweins hinzugenommen. Millionen von Äpfeln, zu Saft und Wein verarbeitet, lagerten in den tiefen Tanks. Als „Steinheimer Gold" wurden sie auf einem erhöhten Freisitz an der Stadtmauer auch als hauseigener Schoppen ausgeschenkt. Auf der anderen Mainseite waren die Fässer etlicher Wirtshäuser, etwa des „Weißen Ochsen" und der „Weißen Taube", mit selbst gekeltertem Apfelwein stets gut gefüllt, natürlich auch die der legendären „Krone" in →*Mittelbuchen*. Für den Hausgebrauch konnten die Hanauer die Erträge ihrer Obstgärten bis vor vierzig Jahren in der Kelterei Stütz am Frankfurter Tor zu flüssigem Gold verarbeiten lassen. Nach und nach haben sämtliche Apfelweinbetriebe ihre Produktion eingestellt. Dass die Apfelweinkultur zwar nicht mehr wie früher zum Alltag gehört, aber (wieder) lebt, das beweisen Jörg Stiers Schoppen-Kreationen, die in verschiedenen Hanauer Gaststätten ausgeschenkt werden.

Die historische Zehntscheune, einst Lagerhalle der Mainzer Erzbischöfe an der Steinheimer Stadtmauer, kann man heute für Veranstaltungen mieten.

Beethovenplatz

In den Zwanzigerjahren platzte die Stadt aus allen Nähten. Wohnraum wurde ebenso benötigt wie neue Verkehrsachsen zur Entlastung des Zentrums. An der Allee nach →*Wilhelmsbad* entstand auf grüner Wiese ein Entree mit 63 Wohnungen: rund um einen Verkehrskreisel, der als Straßenverteiler in fünf abgehende Straßen für den Fernverkehr geplant wurde und der Straßenbahn als Wendekreis dienen sollte. Der Beethovenplatz entstand bis 1927 unter der Ägide von Oberbürgermeister Kurt Blaum als Pendant zum Kreisel um die Ehrensäule am Hauptfriedhof und wurde zu Ehren des Initiators eine Zeit lang „Zirkus Blaum" genannt. Die Architekten Georg Clormann und Carl Cost schufen in fünf Bogenabschnitten die für damalige Verhältnisse luxuriösen Wohnungen mit fließendem Wasser und Zentralheizung, Badezimmern und Küchen mit einheitlichem Türschmuck samt ihren Initialen, die gut erhalten bis heute ein eindrucksvolles Bauensemble bilden, und zogen selbst mit ihrem Büro dort ein. Auch in der angrenzenden Mozart- und Schubertstraße orientierte man sich am Bauhausstil. Die Funktion zur Regelung des Fernverkehrs hat das Rondell allerdings schon ab 1935 verloren, als mit dem Bau der ganz in der Nähe vorbeiführenden Bundesstraße begonnen wurde. Der Schwanenbrunnen bespielt seit 1979 seine Mitte. Er war seit dem 19. Jahrhundert vor dem Zollamt am Westbahnhof aufgestellt. Das Musikerviertel und weitere Wohnstraßen wurde in der Folge zwischen der Hanauer Vorstadt und dem wieder in originalen Farben renovierten Beethovenplatz angelegt.

Der Schwanenbrunnen schmückt die Mitte des Beethovenplatzes.

Bulau

Um Hanau liegt ein grüner Ring aus Wiesen und Wäldern. Das vielleicht schönste, in jedem Fall außergewöhnlichste Stück gehört zum Staatsforst →*Wolfgang*: eine märchenhafte Auenlandschaft mitten im Wald, die sich links und rechts der →*Kinzig* und ihrer Altarme über sechshundert Hektar erstreckt und zu den letzten und größten naturnahen Auenlandschaften in ganz Deutschland zählt. Die Bulau reicht bis Erlensee und steht zu einem guten Teil unter Naturschutz, darf also forstwirtschaftlich nicht genutzt werden. Nach Unterquerung der B 8 (zwischen →*Lamboy* und Wolfgang) einfach dem kleinen Pfad an der Kinzig folgen, schon ist man mitten drin. An der Kinzigbrücke, einem Holzsteg für Fußgänger, zweigen weitere Spazierwege ab.

Die häufigen Hochwasser machen die Pfade und Wege am von Weiden und Erlen gesäumten Kinzigufer manchmal unpassierbar, aber genau das ist das Lebenselixier dieses Naturraums. Die Kinzig darf sich hier über einige Kilometer selbst ihr Bett suchen. Sie darf auch über die Ufer treten, weil sie so seltene Pflanzen nährt und vielen Tieren ein Umfeld zum Wohlfühlen gewährt. Sechs Spechtarten werden in der Bulau gezählt. Der Eisvogel und der Pirol bleiben zum Brüten. Feuersalamander und Ringelnattern leben versteckt im Unterholz. Buschwindröschen, Lerchensporn, Scharbockskraut und der olfaktorisch dominante Bärlauch blühen im Frühjahr. Die häufigsten Baumarten sind Erlen und Eschen, Hainbuchen und Stieleichen. Jogger und Spaziergänger erfreuen sich an den Farben und Gerüchen des Märchenwalds, der sich zu jeder Jahreszeit in vielfältiger Pracht zeigt. Eine Augenweide – im wahrsten Sinne des Wortes.

Der Kinzigsteg verbindet die beiden Flussufer in der Bulau.

Comoedienhaus

Zur Belustigung der Kurgäste wurde an der Promenade in →*Wilhelmsbad* ein Comoedienhaus errichtet, zumal der Bauherr Erbprinz →*Wilhelm IX.* ein großer Theaterliebhaber war. Er hatte bereits am Paradeplatz in der Innenstadt von seinem Architekten Franz Ludwig Cancrin ein Komödienhaus auf den ehemaligen Wallanlagen zwischen Alt- und Neuhanau erbauen lassen, das am 17. Oktober 1768 als eines der ersten solitär stehenden Theatergebäude eröffnet wurde. Im englischen Garten zu Wilhelmsbad hatte es zunächst Aufführungen unter freiem Himmel in einem Heckentheater gegeben; dann wurde zweimal wöchentlich der große Saal des Arkadenbaus bespielt. Schließlich ließ Wilhelm IX. die Reihe der Gebäude an der Parkpromenade mit dem Bau des Comoedienhauses nach Osten verlängern. Die 5356 Gulden und 8 Kreuzer, die dies verschlang, geplant waren nur 3500 Gulden, entnahm der Bauherr der Subsidienkasse, die durch die Vermietung hessischer Soldaten für den amerikanischen Unabhängigkeitskrieg gut gefüllt war und auch die anderen Kurbauten bereits finanziert hatte. Am 8. Juli 1781 wurde das Comoedienhaus mit der Operette „Tom Jones" von François André Danican gen. Philidor eröffnet. Bis heute werden hier rund ums Jahr Gastspiele auf die Bühne gebracht, die von der Comoedienhaus Wilhelmsbad Betriebsgesellschaft mbH, dem Fachbereich Kultur der Stadt Hanau und der Volksbühne Hanau e.V. durchgeführt werden. Der leicht nach hinten ansteigende Zuschauerraum und die Logen sind im original bemalten Holz erhalten. Alle zwei Jahre schauen sogar die Brüder →*Grimm* persönlich vorbei, wenn der zu ihren Ehren gestiftete Brüder-Grimm-Preis der Stadt Hanau an einen zeitgenössischen Literaten vergeben wird.

Blick in den Zuschauerraum

Deutsches Goldschmiedehaus

Das schmiedeeiserne Halseisen an der Außenwand verweist nicht auf die heutige Funktion des schönsten Fachwerkgebäudes des Rhein-Main-Gebiets, das als Deutsches Goldschmiedehaus Hals- und Fingerschmuck in seinen hochkarätigen internationalen Wechselausstellungen präsentiert. Stattdessen erinnert es daran, dass am ehemaligen Rathaus von Alt-Hanau auch Recht gesprochen und mancher Delinquent vor Ort und den Augen aller in Gewahrsam gehalten wurde. Der Gerechtigkeitsbrunnen in der Mitte des Altstädter Marktes (übrigens die „höchste" Stelle der Hanauer Innenstadt) tut dies auf weniger drastische Weise. Er wurde 1611 im Auftrag der Hanauer Ratsherren von Johannes Rab, einem Bildhauer aus Büdingen, in Sandstein gemeißelt. Am Gebäude selbst, das 1538 durch den Baumeister Conradt Speck mit einer offenen Halle im Erdgeschoss errichtet wurde, kann man auch die Hanauer Elle ausmachen, die, genau 54,38 cm lang, zur Überprüfbarkeit des in der Stadt gültigen Längenmaßes angebracht wurde. Im einst offenen Erdgeschoss waren auch eine Mehlwaage und eine Tabakpresse zur öffentlichen Verwendung aufgestellt. In der figurativen Ausstattung ist neben den Tierkreiszeichen ein Affe mit Spiegel besonders bemerkenswert, der die Ratsherren sinnbildlich vor blinder Eigenliebe warnte. Aus dem 18. Jahrhundert stammt die Treppe mit ihren zwei Aufgängen zum heutigen Portal. Im Klassizismus war das Haus auch verputzt, erst 1899 wurde das Fachwerk wieder sichtbar gemacht und nach dem Zweiten Weltkrieg dergestalt rekonstruiert.

Nachdem Alt- und Neu-Hanau vereint worden waren, verlor das Altstädter Rathaus seine ursprüngliche Funktion. Es diente zunächst als kurhessisches Landgericht, ab 1902 als Muse-

Das Deutsche Goldschmiedehaus wurde ursprünglich als Rathaus mit Markthalle errichtet.

um des 1844 gegründeten Hanauer Geschichtsvereins, dessen Sammlungen zuvor im Kanzleigebäude am Schlossplatz gezeigt worden waren. Seit 1942 sind hier die Edelmetallkünste zu Hause. Im Souterrain ist eine historische Schauwerkstatt eingerichtet, in den oberen Etagen finden Wechselausstellungen statt. Die Gesellschaft für Goldschmiedekunst e.V. hat unter dem Dach ihren Sitz.

Dunlop

Der pneumatische Reifen war gerade erfunden. Der schottische Tierarzt John Boyd Dunlop hatte den ersten Luftschlauch ans Dreirad seines kleinen Sohnes montiert und 1889 das Patent für den Fahrradreifen angemeldet, getrennt in Decke und Schlauch. Schon expandierte die Firma auf den europäischen Kontinent – und zwar nach Hanau. Ab 1893 wurden in Hanau aufblasbare Reifen für Fahrräder, ab 1902 versuchsweise auch für Autos produziert. In den Anfangstagen brauchte man für ein Paar Auto-

Eingangsbereich der Dunlop-Reifenwerke in der Freigerichtstraße

Hausschmuck in der Arbeitersiedlung Ronneburgstraße

reifen allerdings noch über eine Woche. Nach einem Großbrand 1903 bezog die Firma mit großer Unterstützung der Stadt Hanau das heutige Gelände. Vor allem Frauen saßen an den Maschinen, die sich bald an den damals noch völlig unüblichen englischen Arbeitszeiten von 8 bis 17 Uhr mit einer halbstündigen Mittagspause erfreuen konnten und gar an einem Schwimmbad und weiteren Sporteinrichtungen auf dem Betriebsgelände, das die Ausmaße eines ganzen Stadtteils hat. Bemerkenswert sind die baulichen Akzente, die vor den Werkstoren gesetzt wurden. An der Freigerichtstraße ließ die Stadt Arbeitersiedlungen errichten – auf der einen Straßenseite im Heimatschutz-, auf der anderen im Bauhausstil. In den Zwanzigerjahren war die „Deutsche Dunlop Gummi Compagnie" weltberühmt. Sie hielt für Tennisbälle das Weltmonopol. Ein weiteres Erfolgsprodukt war Latex, das in Hanau ganz neu entwickelt worden ist. 1932 wurde die erste Latexmatratze aufgeschäumt. In den Sechzigerjahren kamen viele neue Betriebsfelder, wie Baustoffe und Bodenbeläge, hinzu, und es wurden immer noch Autoreifen gefertigt: 1968 allein sechs Millionen Stück. Heute rollen pro Jahr dreißig Millionen Reifen an fünf deutschen Standorten von den Bändern. Hanau ist Hauptsitz der Goodyear Dunlop Tires Deutschland, zu der die Firma seit 1999 gehört.

Eisenbahn

Mit Dampf und Getöse in den Kahlgrund, in den Odenwald oder an den Rhein? Die Schlepptender-Lok „Stadt Hanau", 1942 in Berlin erbaut und lange im Personen- und Güterverkehr in der DDR im Einsatz, schnauft mehrmals im Jahr mit 1800 PS und immerhin 80 km/h durch die Lande. 2005 hat sie der Hanauer Museumseisenbahnverein für seine Museumsfahrten erworben. Ihre Kollegin, Baujahr 1929, ist seither im Ruhestand, sie kam noch etwas behäbiger daher. Über ein Dutzend historische Personenzugwagen, samt Speisewagen und Personal, können an die Dampflok angehängt werden. Wenn die Freunde des Museumseisenbahnvereins zur Bahnreise in die Vergangenheit einladen – Heizer und Schaffner sind dabei ehrenamtlich aktiv –, spielt das historische Bahnbetriebswerk zwischen Hauptbahnhof und →*Großauheim*, in dem die Dampfloks gewartet und mit Kohle und Wasser für die Fahrten vorbereitet werden, ein wesentliche Rolle. Das inzwischen selten gewordene Ensemble aus Rundlokschuppen, Drehscheiben, Verwaltungs- und Sozialgebäuden bezeugt Hanaus Status als Eisenbahnknotenpunkt. Die umliegenden Schienen führen nach Fulda, nach Würzburg, nach Friedberg und Babenhausen. Das historische Betriebswerk ist durch seine günstige, zentrale Verkehrslage in Deutschland auch wichtig für die Wartung von Dampfloks auf der Durchreise. Während der Tage der Route der Industriekultur Rhein-Main gibt es (Vor-)Führungen zur Eisenbahnnostalgie und ein Lokschuppenfest in den Heideäckern.

Die Dampflok „Stadt Hanau" von 1942 (links) und ihre ältere Kollegin im Nordschuppen des historischen Bahnstellwerks

2
1
50 3552-2
89 906

Fayencen

Fayencen gehörten im 17. Jahrhundert in jeden Haushalt wohlhabender Leute. Sie wurden aus China, Portugal und den Niederlanden nach Deutschland importiert. Als politische Unruhen die Einfuhr chinesischen Porzellans verhinderten und Delft den Bedarf allein nicht decken konnte, lag es nahe, eigene Manufakturen zu gründen, was 1661 in Hanau erstmals geschah. Die beiden flämischen Kaufleute Daniel Behagel und Jacob van der Walle reichten bei Schultheiß und Grafen das Gesuch ein, in Hanau diesen neuen Wirtschaftszweig eröffnen zu dürfen, da es ihnen in Frankfurt nicht erlaubt worden war. Erst vier Jahre später nahm dort ein Konkurrenzbetrieb die Arbeit auf. In der Hanauer Grafschaft wurde den innovativen Unternehmensgründern sogar gewährt, Material und Waren zollfrei ein- und auszuführen. Der Ton wurde aus Bischofsheim bezogen. In der Gestaltung ahmte man mit den blauen Zeichnungen auf hellem Grund die chinesischen und Delfter Vorbilder nach und war einige Zeit sehr erfolgreich. Die Hanauer „Porzellan-Beckerey" hatte bis 1806 am Neustädter Markt, Ecke Römerstraße im Haus „Zur Stadt Antwerpen" Bestand. Als in Dresden jedoch Anfang des 18. Jahrhunderts die Herstellung von Porzellan gelang, ließ der Bedarf an Fayencen langsam nach. Heute erzielen Enghalskrüge, Buckelplatten, Teller und Schreibwerkzeuge aus Hanauer Herstellung auf Kunstauktionen hohe Preise. Die Sammlung Hanauer Fayencen des Hanauer Geschichtsvereins wird im ehemaligen Speisesaal von →*Schloss Philippsruhe* präsentiert.

Das Schreibzeug der niederländischen Gemeinde (1677), aufbewahrt im Historischen Museum Hanau Schloss Philippsruhe, mit Einlässen für Tinte und Sand und einem Fach für die Feder

Birnkrug (1683) einer Fischerzunft im Historischen Museum Schloss Philippsruhe

Frankfurter Tor

Das ansehnlichste Überbleibsel der ehemaligen Stadtbefestigung ist das barocke Frankfurter Tor im Westen der →*Neustadt*. Graf Johann Reinhard III. hat es ab 1719 von seinem Hofbaumeister Christian Ludwig Hermann mit laubenartigen Durchgängen und Turmhaube erbauen lassen, als er die Wallanlagen verbreitern und modernisieren ließ. Die Richtung Frankfurt weisende Fassade schmückt (wie auch das Neustädter Rathaus) ein Giebel mit dem Doppelwappen des Grafen und seiner Frau, Dorothea Friederike von Brandenburg-Ansbach, das von Löwe und Adler gehalten wird. Im Erdgeschoss war zeitweise die gräfliche Münze eingerichtet, im ersten Stock ein prächtiger Empfangssaal. Die Bürgermiliz hockte dagegen in Nebengebäuden.

Nach Kriegsschäden und Wiederaufbau sind die drei laubenartigen Durchgänge erhalten geblieben, wenn sie auch längst nicht mehr als wichtigste Passage von Besuchern aus Frankfurt genutzt werden, sondern lediglich in eine beschauliche Grünanlage führen. Die Räume im Obergeschoss stehen inzwischen dem schon seit 1604 bestehenden Neustädter Spital, heute St. Vinzenz-Krankenhaus, für Schulungen zur Verfügung. Im Osten der Innenstadt ist als Pendant zum Frankfurter Tor das nach dem Zweiten Weltkrieg versetzte, wesentlich kleinere Nürnberger Tor nahe am Kurt-Blaum-Platz in Teilen erhalten.

Das Frankfurter Tor wurde beim Abriss der Wallanlagen bewusst erhalten. Es ist heute in eine hübsche Grünanlage eingebettet und längst nicht mehr wichtigstes Eintrittstor für Besucher aus Frankfurt.

Friedhöfe

Als Parkfriedhof wurde der neue Hauptfriedhof an der Ehrensäule zwischen Birkenhainer und Dettinger Straße 1846 eingeweiht. Er lag damals noch außerhalb der Stadt. Mit bemerkenswerten, denkmalgeschützten Gräbern, etwa der Seitz'schen Kapelle, Hanaus einziger Gruft, ist er einen ausgiebigen Spaziergang wert (täglich geöffnet ab 7.30 Uhr). Vorgänger war der Deutsche Friedhof an der Nussallee, der seit 1633 den Bürgern der Hanauer

Kunstvoll gefertigte Sandsteingrabmale auf dem Alten Deutschen Friedhof an der Nussallee

Der weibliche Bronzegenius ist eines der wenigen erhaltenen Skulpturengrabmale auf dem Hauptfriedhof.

→*Altstadt*, die keine Juden, Wallonen oder Niederländer waren, zur Verfügung stand, nachdem der Kirchhof im Kinzdorf aufgegeben worden war. Der Urgroßvater der Brüder →*Grimm* wurde hier beispielsweise beerdigt. Die Neu-Hanauer haben ab 1609 auf dem Französischen Friedhof in der heutigen Martin-Luther-Anlage ganz in der Nähe ihre letzte Ruhe gefunden. Er wurde zusammen mit dem Deutschen Friedhof aufgegeben. Beide sind als Grünflächen teilweise erhalten. Sehenswerte historische Grabmäler wurden an den Umfassungsmauern aufgestellt: am Alten Deutschen Friedhof ganze siebzig reich verzierte Grabsteine und Kenotaphe aus Sandstein, die seit 2006 restauriert werden. Manche Stele wurde auch in den neuen Hauptfriedhof umgezogen, auf dem mehrere Hanauer Oberbürgermeister, etwa Karl Rehbein, Kurt Blaum und Herbert Dröse, und die Gegnerin des NS-Regimes Elisabeth Schmitz ihre letzte Ruhestätte gefunden haben. Ehrenfelder erinnern an die Opfer und Gefallenen des Ersten und Zweiten Weltkriegs, auch den in Hanau umgekommenen Zwangsarbeitern ist eine Gedenktafel gewidmet.

Schmuckvolles Grab aus Sandstein auf dem Alten Deutschen Friedhof an der Nussallee

Gaul, August

Eine beachtliche Skulpturensammlung des international bekannten Tierbildhauers August Gaul ist im Museum →*Großauheim* ausgestellt. Eine lebensgroße Löwin begrüßt den Besucher bereits im Eingangsbereich, ein ganzer Zoo aus Bronze – vom Orang-Utan bis zum Feldhamster – ist in der ihm gewidmeten Galerie zu besichtigen. Zusätzlich geben grafische Arbeiten Einblick in das Schaffen des Künstlers, der sich in Berlin nach einem Zoobesuch auf die Darstellung von Tieren spezialisiert hatte. August Gaul wurde am 22. Oktober 1869 als Sohn des Steinmetzmeisters Philipp Gaul in der Haggasse 12a in der Altstadt von Großauheim geboren. Ab 1882 besuchte er die Königliche Zeichenakademie in Hanau, wo er bei August Offterdinger zum Ziseleur ausgebildet wurde. Gleichzeitig arbeitete er in einer kunstgewerblichen Manufaktur. In Berlin führte er seine Studien fort und zählte zu den Gründungsmitgliedern der Berliner Sezession, die der zeitgenössischen Kunst wichtige Impulse gab. 1908 wurde er als Professor an die Akademie der Bildenden Künste Berlin berufen. August Gaul starb 1921, kurz vor seinem zweiundfünfzigsten Geburtstag, in Berlin.

Skulptur von August Gaul

Seine Tierskulpturen sind in zahlreichen Museen und auch im öffentlichen Raum zu besichtigen, etwa auf der Mönckebergstraße in Hamburg, wo drei Bronzeschafe das Portal des 1913 erbauten Klöpperhauses zieren. Mit der August-Gaul-Plakette werden seit 1969 durch die Gemeinde Großauheim und seit 1974 durch die Stadt Hanau Personen und Institutionen gewürdigt, die sich durch außerordentliche kulturelle oder künstlerische Verdienste ausgezeichnet haben.

Grimm, Jacob und Wilhelm

Jacob und Wilhelm Grimm sind als Sammler der 1812 erstmals erschienenen Kinder- und Hausmärchen, der deutschen Sagen und vor allem als Begründer der Germanistik in die Literatur- und Weltgeschichte eingegangen. Sie wurden am 5. Januar 1785 und am 24. Februar 1786 am heutigen Freiheitsplatz geboren: als die beiden ältesten Söhne von Dorothea und Philipp Wilhelm Grimm, der in Hanau als Hofgerichtsadvokat und Schreiber tätig war. Schon der Urgroßvater, Friedrich Grimm, wirkte als Pfarrer an der →*Marienkirche*. Die Großeltern (mütterlicherseits) wohnten an der →*Johanneskirche*, einmal die Woche ging man zum Mittagessen dorthin. Jacob erinnert sich, sie schon in Hanau als kleines Kind besucht zu haben. Zur →*Wallonisch-Niederländischen Kirche* ging er – mit Wilhelm an der Hand – ebenfalls in jungen Jahren eigenständig zu Fuß: Den Jungen wurde hier Französischunterricht zuteil. Das ABC hat ihnen aber die Tante Schlemmer beigebracht, verwitwete, kinderlose Schwester des Vaters, die in der Fahrstraße um die Ecke lebte. Kurz nach ihren Geburten war die Familie in die Langgasse 41 umgezogen, wo weitere Brüder zur Welt kamen, darunter Ludwig Emil, der später als Maler bekannt geworden ist. Schwester Charlotte er-

Das Nationaldenkmal Wilhelm (sitzend) und Jacob Grimms wurde 1896 vor dem Neustädter Rathaus aufgestellt.

blickte erst in Steinau an der Straße das Licht der Welt, wohin der Vater im Jahr 1791 als Amtmann berufen wurde.
Auch wenn die beiden ersten Wohnhäuser der Brüder Grimm nicht im Original erhalten sind, kann man sich in Hanau gut auf ihre Spuren begeben. Ausgangspunkt ist das Nationaldenkmal am Neustädter Markt, das anlässlich des hundertsten Geburtstags Jacob Grimms initiiert und unter reger Anteilnahme der Bevölkerung 1896 aufgestellt worden ist. Es hat wie durch ein Wunder die Bombennacht vom 19. März 1945 ohne größere Schäden überstanden. Hier beginnt die 600 Kilometer lange Deutsche Märchenstraße, die über Marburg, Kassel und Hameln bis nach Bremen führt. Am Neustädter Markt wohnte auch Marie Hassenpflug, die später einige der bekanntesten Märchen zur Sammlung beigetragen hat.
Im Amphitheater, im Park von →*Schloss Philippsruhe*, werden seit dem zweihundertsten Geburtstag Jacob Grimms alljährlich im Sommer die Brüder Grimm Märchenfestspiele veranstaltet, mit zeitgemäßen Interpretationen von Rotkäppchen, Hänsel und Gretel und Co. Ein passender Rahmen, haben doch auch Jacob und Wilhelm als Kleinkinder manch schönen Nachmittag im Schlosspark am Main verbracht. Ihre Mutter ließ sie hier sogar porträtieren. Im Historischen Museum Hanau ist den Brüdern Grimm ein Gedenkraum eingerichtet, in dem neben den preisgekrönten Entwurfsmodellen für ihr Denkmal auch Jacobs Gehrock und Aktentasche aus Berliner Tagen ausgestellt werden.
Ein Stück Brüder-Grimm-Torte lässt sich im Museumscafé und im Café Schien am Westbahnhof genießen.

Was für Wien die Sachertorte, ist für Hanau die Brüder-Grimm-Torte, die aus feinen Zutaten hergestellt wird.

Amphitheater by night

Grimmelshausen

Hessen ist eine bedeutende Literaturregion, wozu nicht nur die Brüder →*Grimm* und Johann Wolfgang von Goethe beigetragen haben, sondern auch Hans Jakob Christoffel von Grimmelshausen, erster deutscher Romancier. Er kam um 1622 in Gelnhausen zur Welt. „Der abenteuerliche Simplicissimus Teutsch", erschienen 1668/69, ist sein bekanntestes Werk, das er voller vitaler Wucht, nicht mehr in Reimen, sondern in Prosa verfasste. Die darin drastisch, aber humorvoll geschilderten Begebenheiten des Dreißigjährigen Krieges, detailreich vor allem auch vom Schauplatz Hanau, hat der Autor sicherlich selbst erfahren. Er war in jungen Jahren aus dem völlig zerstörten Gelnhausen in die „herrliche Festung Hanau" geflohen, die sich unter General Jakob

Wandfresko Nordstraße

von Ramsay und schwedisch-lutherischem Militär seit dem 10. September 1634 standhaft verteidigte. Dank Katharina Belgia, der Witwe der Neustadtgründers Graf Philipp Ludwig II., war die Stadt lange politisch neutral geblieben. Auch hatte die Regentin Arbeiten an der Wehranlage um Alt- und Neu-Hanau stets fortführen lassen, was nun belohnt wurde. In der Hanauer Nordstraße erinnert ein Wandfresko an den abenteuerlichen Helden Simplicissimus Teutsch, der in persona seines Erfinders Unterschlupf hinter Hanaus sicheren Mauern fand.

Grimmelshausen, der sich nach der Station in Hanau als Soldat und Schreiber in vielen anderen Städten verdingt hat und weitere Romane veröffentlichte, starb 1676 in Renchen bei Freiburg im Breisgau.

Titelkupfer der ersten Ausgabe

Großauheim

Prächtig ist das Panorama am →*Main*. Gleich drei Gotteshäuser sind daran aufgereiht: die evangelische Gustav-Adolf-Kirche von 1911 mit maritimem Charme im Inneren, die katholische Paulskirche in neoromanischer Mächtigkeit und nur wenige hundert Meter weiter: die weiße Jakobuskirche aus der Barockzeit. Im Stadtwappen sind die drei Pilgermuscheln des Heiligen Jakobus über dem Mainzer Rad angeordnet. Seit alters war die Promenade am Großauheimer Mainufer ein wichtiger Part des Pilgerparcours nach Santiago de Compostela, bei dem man in einer bereits im 14. Jahrhundert erwähnten ersten Jakobuskirche Station machte. Ein ausgeschilderter „Auheimer Jakobusweg“ wird heute von der Kaiserpfalz in Seligenstadt über die Kahlmündung, das Neuwirtshaus auf Großauheimer Gemarkung und den Spitzenweg zur Rochushalle geführt. Mehr noch als Jakob ist der Heilige Rochus seit der 1666 überstandenen Pest in Großauheim von Bedeutung. Alljährlich am

Kirchenpanorama am Großauheimer Mainufer

Das Alte Rathaus mit Trauzimmer

16. August findet eine Rochusprozession und später im Jahr der Rochusmarkt statt. Sehenswert ist auch das modern eingerichtete Industrie- und Heimatmuseum in den ehemaligen Gebäuden von öffentlicher Badeanstalt, Elektrizitätswerk und Spritzenhaus, das die Entwicklungsgeschichte vom fränkischen Bauern- und Fischerdorf zum Industriestandort illustriert. Rund zwei Jahrzehnte war Großauheim selbstständige Stadt, bevor es zu Hanau eingemeindet wurde. Auf zwei ihrer Künstler sind die Großauheimer besonders stolz: Dem Tierbildhauer August →*Gaul* und dem Maler August Peukert sind eigene Räume im Museum gewidmet.

Hafen

Am 25. Oktober 1924 wurde der Hanauer Handels- und Industriehafen eröffnet. Eine Gedenktafel ist am Hafenamt zu Ehren des damaligen Oberbürgermeisters Dr. Kurt Blaum und des Stadtbaurats Paul Ehrich angebracht. Um die hohe Arbeitslosigkeit nach dem Ersten Weltkrieg zu lindern, hatte man im ersten Baujahr auf Bagger verzichtet und den Aushub im Rahmen eines Arbeitsbeschaffungsprogramms von sechshundert Männern in zwei Schichten leisten lassen. Bis 1927 wurde auch eine monumentale Großwohnanlage als Eingangstor zum Mainhafen errichtet. Die Zwei- bis Vierzimmerwohnungen besaßen noch nicht alle eigene Badezimmer. Stattdessen gab es Gemeinschaftswaschräume für die Bewohner, die Hafenarbeiter und -angestellte waren. Das Tor ist heute nur noch von Fahrradfahrern und Fußgängern als solches nutzbar. Zwei dreieinhalb Meter hohe muskelbepackte und unbekleidete Männerfiguren aus Beton von August Bischoff thronen über der Durchfahrt und symbolisieren die denkende und die körperliche Arbeitskraft.

Eingangstor zum Hafen von 1927

Das Hafenbecken auf überwiegend Großauheimer Gemarkung misst 950 Meter mal 64 Meter, hinzu kommt eine rund 800 Meter lange Be- und Entladefläche für Schiffe direkt am Fluss.

Um den →*Main* als Wasserstraße nutzen zu können, musste er auf eine einheitliche Tiefe gebracht werden, was auch grundsätzliche Voraussetzung für den Bau des Industriehafens war. Das Hanauer Mainstück wurde bis 1922 auf 2,70 Meter ausgehoben, reguliert und mit Schleusen versehen. In den Achtzigerjahren wurde das Hafenbecken gemäß den Anforderun-

Der Hanauer Hafen im Abendlicht

gen der Groß-Schifffahrtsstraße auf 3,40 Meter vertieft. Seither können Schiffe mit 4000 Tonnen Ladevermögen das Hafenbecken anlaufen. Mit der Eröffnung des Main-Donau-Kanals 1992 wurden die Wasserwege bis

zum Schwarzen Meer erweitert und Hanau, gemessen am Schiffsumschlag, zum zweitgrößten deutschen Hafen an diesem Schifffahrtsweg. Jährlich werden hier rund 3 Millionen Tonnen Güter umgeschlagen.

Église
St Jean-Bapt
(romane)
suivre
ST JEAN-SAVE

Hanauerland

Am Rande der Nordvogesen, etwa vierzig Kilometer von Straßburg entfernt, liegt das Hanauerland, eine Oase der Ruhe und des Friedens, wie eine Broschüre des Tourismusbüros wirbt. Und tatsächlich sind in den 19 kleinen Gemeinden, die in den 170 Quadratkilometern „Pays de Hanau" mit gerade mal 17 000 Einwohnern beheimatet sind, noch reichlich Kopfsteinpflaster und malerische Fachwerkhäuschen mit geschnitzten Giebeln und Erkern zu finden. Auf fast jedes Kirchlein kommt auch eine (ehemalige) Synagoge. In der Alten Synagoge von Bouxwiller, der Hauptstadt des Hanauerlandes, erzählt das Jüdisch-Elsässische Museum sehr anschaulich vom Leben und den Traditionen der Landjuden, die seit dem Mittelalter, vor allem aber im 19. Jahrhundert, im Elsass zu Hause waren. Bouxwiller (deutsch: Buchsweiler) wurde neben Babenhausen zur Residenz der Hanau-Lichtenberger Grafen, nachdem sich die Grafschaft 1458

Dossenheim sur Zinsel liegt zwischen Saverne und Bouxwiller im Hanauerland.

in zwei Stränge aufgespalten und Graf Philipp I. von Hanau Anna von Lichtenberg geheiratet hatte. Der Tod von Annas Vater, Ludwig V. von Lichtenberg, musste abgewartet werden, bis Philipp 1473 in Bouxwiller die Herrschaft in der Hälfte des Lichtenberger Territoriums übernehmen konnte; nach 1570 unterstand den Hanau-Lichtenbergern das ganze Gebiet. Noch heute tragen Hotels wie das „Aux Comtes de Hanau", Restaurants, aber auch Baumärkte und Gemüsehöfe die alte Verbindung zu Hanau in ihrem Namen, die aus historischer Sicht 1736 beendet war, als Johann Reinhard III. von Hanau-Lichtenberg als letzter Graf von Hanau starb, nicht ohne zuvor die Schlossanlagen auch in Bouxwiller vergrößert und verschönert zu haben. Damals wurde Hanau-Lichtenberg dem Großherzogtum Hessen-Darmstadt zugeteilt, dem das Hanauerland im Elsass noch bis 1789 unterstand.

Romantische Fachwerkgassen in Bouxwiller

Heraeus

Wilhelm Carl Heraeus, Apotheker und Chemiker, der 1851 die Einhornapotheke am Neustädter Markt von seinen Eltern übernommen hatte, kannte die Nöte der ortsansässigen Goldschmiede- und Bijouteriebetriebe. Wie waren die bei der Arbeit entstandenen Platinabfälle wieder nutzbar zu machen? Heraeus gelang es 1856 als Erstem, im Knallgasgebläse das wertvolle Material zu verflüssigen, dessen Schmelzpunkt bei 1772 Grad Celsius liegt. Als Platin auch als Rohstoff in Chemie und Elektrotechnik an Bedeutung gewann – 1889 kam man noch mit acht Beschäftigten aus, in den folgenden Jahren längst nicht mehr –, entwickelte sich die Firma W. C. Heraeus zum Weltkonzern Heraeus, der heute 5900 Patente hält und doch immer in Familienbesitz geblieben ist.

Der Firmengründer Wilhelm Carl Heraeus

Die Einhorn-Apotheke stand am Neustädter Markt.

Als weiteren Meilenstein der Firmengeschichte hat Dr. Richard Küch 1899 das Verfahren der Quarzglasgewinnung entwickelt. Wieder waren hohe Temperaturen nötig, um reinen Bergkristall zu schmelzen. Bei seinen Experimenten erkannte Küch auch, dass Quecksilberdampf ein kurzwelliges, grünliches Licht abstrahlt, wenn dieser in einem Quarzglasrohr zu elektrischen Entladungen angeregt wird. Wesentlicher Vorteil: Die erzeugte ultraviolette Strahlung kann Quarzglas ungehindert passieren, was heute etwa für Internetverbindungen von Bedeutung ist. Und Quarzglas ist im Gegensatz zu normalem Glas auch bei Temperaturen oberhalb tausend Grad Celsius noch stabil. Zum weltweiten Verkaufsschlager wurde die Hanauer Höhensonne, Wegbereiterin des Bräunungsmarktes, die es in den Fünfzigerjahren auch in einer Handtaschenversion gab und die aus vielen deutschen Haushalten nicht wegzudenken ist. Vor allem Kinder kamen zu therapeutischen und kosmetischen Zwecken unter die Röhre. Natürlich bedient das Unternehmen viele weitere Wirkungsfelder, vom Dentalbereich bis zur Mikrochip-Herstellung und Spezialanwendungen für den Weltraum oder die weltweite Telekommunikation.

Historisches Fabrikgebäude der Firma Heraeus

Heraeus

Hessisches Puppen- und Spielzeugmuseum

Ein Rundgang durch das Hessische Puppen- und Spielzeugmuseum – im Arkadenbau des schmucken →*Wilhelmsbades* – kommt einer Reise durch die weibliche Weltgeschichte gleich, inklusive Modenschau: Von den antiken Wickeltechniken zu den Rüschenkleidern des Biedermeier bis zu den sportlichen Outfits unserer Tage reicht die Partitur. Die ausgestellten Spielzeuge stammen aus aller Welt. Japan ist eine ganze Abteilung gewidmet; auch ist man im Besitz einer der umfangreichsten und bedeutendsten Sammlungen antiken Spielzeugs. Der Ausstellungsparcours beginnt bei den Babypuppen der Römer

Das Hessische Puppenmuseum an der Kurpromenade in Wilhelmsbad

und Griechen, die zwar aus Ton gefertigt, in Armen und Beinen dennoch beweglich waren und selbstverständlich schon damals den kleinen Mädchen helfen sollten, die häuslichen Pflichten der Ehefrauen einzuüben. Die kleinste Puppe der Welt stammt aus Tirol. Sie ist in Holz geschnitzt und nur einen Zentimeter lang. Bis ins 18. Jahrhundert wurden die meisten Puppenköpfe aus Holz hergestellt. Erst in der zweiten Hälfte des 19. Jahrhunderts bevorzugte man Celluloid, ein Material, das allerdings leicht brennbar war, sodass man in den Fünfzigerjahren des 20. Jahrhunderts auf das feuerfestere Tortulon umgestiegen ist. Nach den Puppen sind die Puppenstuben dran. Sie wurden in Deutschland in der Regel vom Heiligen Abend bis zum Dreikönigstag in den Wohnzimmern der bürgerlichen Familien aufgestellt, genauso wie die mit Waren aus aller Welt gefüllten Kaufmannsläden. Von 1971 stammt die Sonderanfertigung eines Ganzjahres-Puppenhauses, in dem die kleinen Bewohner auch in den Urlaub fahren und im Grünen sitzen können. Eine weitere Besonderheit ist das größte Miniaturkaufhaus der Welt, mit 120 kleinen Verkäuferinnen und Kundinnen auf mehreren Etagen. Nicht fehlen darf natürlich die berühmte deutsche Puppenmutter Käthe Kruse, ein ganzer Raum ist ihren Geschöpfen gewidmet. Neben den Liebhabern und Liebhaberinnen von altem Spielzeug zieht es Eltern mit Kindern ins Hessische Puppenmuseum. Nicht nur, weil die Vitrinen in Kinder-Augenhöhe bestückt sind. Es gibt in jedem Raum auch Spielzeug, mit dem sofort gespielt werden darf, und eine gemütliche Kuschelecke.

Die Krabbelpuppe mit Papiermachékopf wurde um 1865 in Paris gefertigt.

Hindemith, Paul

Die Oper „Mathis der Maler" wurde 1938 in Zürich uraufgeführt, als in Deutschland avantgardistische Musik verfemt war. Ihr Komponist Paul Hindemith war am 16. November 1895 in der Hanauer Vorstadt geboren worden. Sein aus Schlesien stammender Vater hatte sich 1890 an der →*Kinzig* niedergelassen. Die Familie zog schon bald nach Niederrodenbach weiter, eingeschult wurde der kleine Sohn in Mühlheim. Ab 1908 besuchte Hindemith als Geigenschüler das Hoch'sche Konservatorium in Frankfurt. Am Hanauer Stadttheater ist er bei Kammermusikabenden in jungen Jahren als Bratschist aufgetreten. Nach dem Zweiten Weltkrieg, den er in den USA verbracht hatte, lebte er in der Schweiz. Schon 1949 hatte er aber im Auftrag der Amerikaner Deutschland bereist, um über den Zustand der deutschen Musikszene Bericht abzugeben. Er starb am 28. Dezember 1963 in Frankfurt.

Paul Hindemith hat die zeitgenössische Musik vor allem mit seinen radikalen Frühwerken entscheidend geprägt. Er schuf aber auch Gebrauchsmusik für die Lehre und den Laien. In seiner Geburtsstadt erklingt das erste Thema seiner Klaviersonate Nr. 3 als Glockenspiel vom Rathausturm. In →*Schloss Philippsruhe* wird gelegentlich seine Oper „Das Nusch-Nuschi" in einer Papiertheateradaption aufgeführt. Alle zwei Jahre wird der Paul-Hindemith-Preis der Stadt Hanau an bedeutende Persönlichkeiten des aktuellen Musikgeschehens verliehen.

Paul Hindemith, 1927

Hohe Landesschule

Schon Philipp Ludwig II. von Hanau-Münzenberg hatte 1607 die Hohe Landesschule als Bildungseinrichtung für die Grafschaft Hanau gestiftet. Sie entstand am Eingang der →*Judengasse*, etwa da, wo sich heute das Gewerkschaftshaus am Freiheitsplatz befindet. 1612 wurde mit dem Bau begonnen. Durch den Dreißigjährigen Krieg ging es aber nicht voran. Erst Graf Friedrich Casimir von Hanau-Lichtenberg (ab 1642 auch von Hanau-Münzenberg) konnte 1665 die Schule eröffnen, die damals noch zwischen Gymnasium und Universität rangierte, also auch Fächer wie Theologie und Jurisprudenz anbot. Anstrengungen, die Hohe Landesschule in eine reine Universität umzuwandeln, wurde nicht stattgegeben. Der Kaiser in Wien lehnte ab. In nachnapoleonischer Zeit wurde aus der Hohen Landesschule schließlich ein ganz normales Gymnasium, auf das freilich nur Jungen gehen durften. Erst in den Fünfzigerjahren des 20. Jahrhunderts konnten auch die ersten Mädchen am Unterricht teilnehmen. Ihnen hatte seit 1840 lediglich die Höhere Töchterschule zur Verfügung gestanden, heute ebenfalls ein beliebtes Gymnasium mit dem Namen Karl-Rehbein-Schule, deren bekannteste Absolventin derzeit die Journalistin und Lebensgefährtin von Bundespräsident Joachim Gauck, Daniela Schadt, ist.

Das erste dreistöckige Gebäude der HoLa aus Bruchstein war mit einem schmuckvollen Sandsteinportal des Steinmetzen Casparus Klunzig versehen, das das Doppelwappen von Graf Friedrich Casimir und seiner wesentlich älteren Frau Gräfin Sibylle Christine von Anhalt-Dessau ziert. Es wurde zwar am 19. März 1945 bis auf den First zerstört, doch war der Schulbetrieb schon in den Zwanzigerjahren in ein neues Gebäude an der Julius-Leber-Straße umgezogen, das heute als Psychiatrie des Städtischen Klinikums genutzt wird. 1978 begann die Schulära am Alten Rückinger Weg, um mit einem großzügigen HoLa-Campus der großen Zahl von Schülern gerecht zu werden. 1200 HoLaner werden hier derzeit unterrichtet und ganztags betreut. Das prunkvolle Sandsteinportal steht nun frei im Eingangsbereich.

Bedeutende Absolventen der HoLa sind die männlichen Ahnen der Brüder →*Grimm*, Urgroßvater, Großvater und Vater, der Naturwissenschaftler Richard Küch, der die Hanauer Höhensonne für →*Heraeus* entwickelt hat, sowie der Schauspieler Dominic Raacke und der Fußballspieler Thomas Berthold, der 1990 mit der deutschen Nationalmannschaft die Weltmeisterschaft gewann.

Das historische Sandsteinportal der ersten Hohen Landesschule hat auch am neuen Standort im Alten Rückinger Weg seinen Platz gefunden.

Johanneskirche

Da Kurfürst Johann Georg II. von Sachsen, der beachtliche finanzielle Mittel zur Verfügung stellte, sowieso zur Kaiserwahl in Frankfurt war, wurde die Grundsteinlegung der neuen Lutherkirche am Rande der →*Altstadt* auf den 25. Mai 1658 gelegt und mit einem großen Fest begangen. Ein zeitgenössischer Kupferstich zeugt von diesem Ereignis. Denn obwohl ja wenige Schritte weiter seit Jahrhunderten eine Pfarrkirche, die spätere →*Marienkirche*, stand, wollte der in Buchsweiler im Hanauerland geborene und seit 1642 an der →*Kinzig* residierende Graf Friedrich Casimir von Hanau-Lichtenberg seinem Glauben auch in einem eigenen Gotteshaus Ausdruck verleihen. Seine Vorgänger der Hanau-Münzenberger Linie hatten sich ab 1595 an Calvin und Zwingli orientiert. Nun existierten die beiden reformatorischen Glaubenslehren in Hanau nebeneinander, und die lutherische Gemeinde vergrößerte sich schnell. Am 17. Januar 1664 fand die Einweihung der neuen Kirche statt,

Turm der Alten Johanneskirche

die Anfang des folgenden Jahrhunderts bereits erweitert werden musste.
Erst 1818 endete das Nebeneinander der lutherischen und reformierten Gottesdienste in Hanau. Mit der „Hanau Union" wurde die neue Einheit besiegelt, nun konnte man das Abendmahl gemeinsam feiern. Im Zuge dessen wurde die Kirche zu Ehren des sächsischen Kurfürsten Johanneskirche benannt. Nachdem sie im Zweiten Weltkrieg schwer zerstört worden war, entstand als Ersatz zwischen 1958 und 1960 die beeindruckende Neue Johanneskirche an der Frankfurter Landstraße. Die alte dient seither der Marienkirchgemeinde als Versammlungssaal.
Die erste katholische Kirche wurde in Hanau übrigens 1850 eingeweiht.
Auf den Turm der Alten Johanneskirche wurde Ende 2012 eine neue Haube gesetzt, die an die im Krieg zerstörte alte Turmhaube erinnern soll.

Alte Johanneskirche mit Blick auf die Terrasse des Cafés

Judengasse

Schon mit der Stadtgründung gab es in Hanau eine erste jüdische Gemeinde, die jedoch mit Pogromen während der Pestzeit bald wieder ausgelöscht war. Erst der ökonomisch denkende Graf Philipp Ludwig II. von Hanau-Münzenberg hat 1603 die „Judenstättigkeit" in seiner Grafschaft wieder erlaubt, nachdem ein Versuch, alle Juden in der Hanauer Grafschaft zum Konvertieren zu bringen, gescheitert war. Über dem alten Stadtgraben zwischen Alt- und Neu-Hanau durften sich Juden ansiedeln; die Judengasse reichte L-förmig bis knapp hinter die Badergasse. Auch die Synagoge, die weit über die Dächer der Wohnhäuser ragte, die Schule und die Mikwe (rituelles Bad) waren innerhalb der engen Gasse untergebracht, die 1898, viele Jahrzehnte nach Auflösung des Ghettos, in Nordstraße umbenannt wurde. Bis in napoleonische Zeit

Auch die alte Mauer des jüdischen Ghettos ist erhalten.

Drei Namensschilder der Gedenkstätte an der alten Ghettomauer

waren die Hanauer jüdischen Glaubens gezwungen, sich in der Judengasse niederzulassen. Sie war an beiden Enden mit einem Tor zu verschließen, sonntags durften die Bewohner nicht heraus. Dank des Malers →*Moritz Daniel Oppenheim*, der um 1800 in der Judengasse geboren wurde und in seinen letzten Lebensjahren den Zyklus „Bilder aus dem altjüdischen Familienleben" veröffentlicht hat, haben wir Einblicke in den religiösen Alltag der Hanauer Juden erhalten. 1806 rissen französische Soldaten die Ghettotore nieder. Auch die Hanauer Juden konnten in der Folge ihren Wohnsitz nach Belieben wählen.

Während der nationalsozialistischen Diktatur wurde die Gemeinde komplett ausgelöscht und die Synagoge, die nach wie vor in der Kurve der Nordstraße stand, in der Reichspogromnacht 1938 zerstört. Ein Gedenkstein und eine Informationstafel sind gegenüber ihrem ehemaligen Standort an Stadtmauerresten, dem Hexen- und Diebesturm, aufgestellt. An die im Holocaust ums Leben gekommenen Hanauer Juden erinnern seit 2010 weit über zweihundertfünfzig Namenstafeln an der ehemaligen Ghettomauer. 2005 wurde in Hanau eine neue, dritte jüdische Gemeinde gegründet, die stetig wächst.

Jüdischer Friedhof

Der Jüdische Friedhof am Rande von Hanaus Innenstadt hat die Zeiten überdauert, sodass heute sogar Gedenksteine an die Opfer der Diktatur der Nationalsozialisten hier aufgestellt sind. Der älteste noch erhaltene Grabstein stammt aus dem Jahr 1637. Wahrscheinlich war das Gräberfeld aber schon kurz nach der Hanauer „Judenstättigkeit" mit Anfang des 17. Jahrhunderts in Betrieb. Nach Erweiterungen in den Jahren 1712 und

Auf dem jüdischen Friedhof

1856 bringt der Friedhof es auf eine Fläche von 1,3 Hektar. Eingemauert wurde er erst im 19. Jahrhundert. Von der Jahnstraße kann man über die Mauer schauen. Der Eingang liegt aber am Mühltorweg, der Schlüssel ist bei der Friedhofsverwaltung am Hauptfriedhof erhältlich. Von den über 1200 Grabmalen mit hebräischen und deutschen Inschriften sind diejenigen besonders bemerkenswert, die mit reliefierten Hauszeichen versehen sind: Brunnen, Adler, Mörser, Bär, Stern. Als es noch keine Hausnummern gab, waren die Hanauer Häuser mit Bildzeichen versehen, die die jüdischen Hanauer als Nachnamen und zur Kennzeichnung ihrer Grabsteine übernahmen. Auf den Priestergräbern sind die segnenden Hände mit gespreizten Fingern zu finden, bei denen sich Daumen und Zeigefinger berühren. Ein weiterer jüdischer Friedhof, dessen ältestes Grab von 1892 datiert, existiert in der Steinheimer Odenwaldstraße, in der Nähe des Friedhofs Steinheim Süd. Auf ihm finden auch noch im 21. Jahrhundert Bestattungen nach jüdischem Ritus statt.

Grab eines Priesters auf dem Jüdischen Friedhof

Karussell

„Dieses wird eins der schönsten, kostbarsten Stücke des Wilhelmsbades seyn“, hieß es 1780 in einer Werbeschrift des →*Wilhelmsbades* über das Karussell, das schon kurze Zeit später seine ersten Runden drehte und bis heute auf einem Hügel im Westen des Kurparks erhalten ist. Franz Ludwig Cancrin, der für den Erbprinzen →*Wilhelm IX.* die Baumaßnahmen in seiner Kuranlage nördlich von →*Kesselstadt* übernahm (er war eigentlich Bergbauingenieur, kein ausgebildeter Architekt), hatte sich eine raffinierte Konstruktion ausgedacht: einen Rundbau mit zwei Reihen von Holzsäulen, die das schwere Kuppeldach zu tragen scheinen; dabei sind nur die äußeren Säulen Stützen des Daches, die inneren sind an der Dachkonstruktion aufgehängt. Auf diese Weise kann sich die Karussellscheibe mit den Pferden und Wagen „unsichtbar“ drehen, ohne dass die innere Säulenreihe ihre Position verändert. Die Maschinerie ist im Hügel versteckt. Zur Eröffnung haben erst Tagelöhner, später Pferde und erst in den Zwanzigerjahren des 20. Jahrhunderts ein Elektromotor das Karus-

sell in Bewegung gesetzt. Eine Fahrt, die zwölf Umdrehungen entsprach, kostete zur Blüte des Kurbadbetriebes 24 Kreuzer. Sie war nicht – wie heute – für Kinder gedacht, sondern für Erwachsene, die auf den Pferden sitzend auch mit Pfeilwurf und Ballspielen ihre Geschicklichkeit übten.

Das Karussell blieb, auch nachdem Wilhelm IX. Hanau längst in Richtung Kassel verlassen hatte, eine Attraktion. Es hat über die Jahre einigen Schaden genommen, sogar die Pferde wurden einmal gestohlen. Ein engagierter Förderverein hat inzwischen die Restaurierung des historischen und weltweit bekannten Ausnahmegutes im Auge. Ob sich die Karussellpferde bald wieder drehen?

Folgende Doppelseite: Das weltweit einzigartige Karussell im herbstlichen Wilhelmsbad

Kesselstadt

Das ehemalige Fischerdörfchen am →*Main* ist viel älter als der große Nachbar Hanau an der →*Kinzig*, mit dem es sich Anfang des 20. Jahrhunderts zusammenschloss. Schon die Römer siedelten an der Mainfurt, einer flachen, zu Fuß passierbaren Stelle des damals noch längst nicht einheitlich vertieften Flusses. Von ihrem Militärlager mit Zivilsiedlung am Salisberg konnten durch Grabungen eine →*Therme*, ein Münzschatz und die älteste in Deutschland erhaltene Quittung zu Tage gebracht werden, womit weitreichende Handelsbeziehungen der Bewohner bis nach Afrika und Indien bezeugt sind. Die Kelten, die im vierten Jahrhundert vor Christus unweit der Kinzigmündung siedelten, haben leider keine solch dingfesten Spuren hinterlassen.

Teufelsbrunnen

Das heutige Kesselstadt fand als „Chezsilstat" 1059 erstmals urkundlich Erwähnung und war über viele Jahrhunderte von Landwirtschaft und Fischfang geprägt. Nach dem Dreißigjährigen Krieg ließen sich Adelige, Beamte und das höfische Personal der beiden Hanauer Schlösser nieder. Denn als die Hanauer Grafen sich nach französischem Vorbild ein Lustschloss am Main bauen ließen, das sie in den Sommermonaten bewohnen wollten, da war Kesselstadt schon fast „eingenommen", spätestens als →*Wilhelm IX.* Burg- und Kastanienallee anlegen ließ. Mit dem Bau der Weststadt hat sich westlich des alten Dorfkerns der Stadtteil erweitert, der im Norden an das Musikerviertel um den →*Beethovenplatz* angrenzt. Her-

Wasserturm an der Philippsruher Allee

Bienengasse mit der Reinhardskirche

Gasthaus „Zum Rothen Löwen"

vorragende Restaurants – das älteste Hanauer Gasthaus, „Zum Rothen Löwen", gleich gegenüber von →*Schloss Philippsruhe*, ist seit dem 17. Jahrhundert in Betrieb – und Bronzefiguren, die an manch pittoresker Ecke Geschichten erzählen, machen den Spaziergang durch den historischen Ortskern und die umliegenden Straßen zu einem ganz besonderen Erlebnis.

Dorfbrunnen

Kinzig

Kurz vor ihrer Mündung ist die Kinzig am tiefsten. Ihr Wasserstand schwankt je nach Wetterlage zwischen zwanzig Zentimetern und vier Metern. Das 82 Kilometer lange Flüsschen wird schon 815 in einer Urkunde erstmals als „Chinzicha" erwähnt. Es entspringt in Sinntal-Sterbfritz am östlichen Ende des Main-Kinzig-Kreises und trennt zunächst die Ausläufer der Rhön, dann die des Vogelsbergs vom Spessart. Steinau an der Straße passiert die Kinzig noch als Bach, an dessen Ufern die Brüder →*Grimm* als Kinder gespielt haben. Die Kinzigtalsperre samt Stausee bei Bad Soden-Salmünster gab es zu ihren Zeiten aber noch nicht. Sie bewahrt das Kinzigtal erst seit den Achtzigerjahren erfolgreich vor Überschwemmungen. Im Mittelalter war die Kinzig von Gelnhausen bis Hanau schiffbar. Kaiser Friedrich Barbarossa hat dort seine sehenswerte Kaiserpfalz auf in die Kinzigsande gehauenen Eichenpfählen errichten lassen. Heute sind keine Handelsschiffe, sondern nur noch Ka-

Denkmal zum Bau der Philippsruher Allee 1767

Slalomstäbe der Hanauer Kanuten

nus und Kajaks unterwegs, allerdings nicht während der Vogelbrutzeit zwischen März und Mitte Juli. Erst danach kann man mit ein bisschen Glück Eisvogel und Biber vom Wasser aus begegnen. Auch passionierte Angler finden ihr Refugium an den naturbelassenen Ufern. In Langenselbold bietet der Kinzigsee neben dem sechshundert Meter langen Sandstrand auch einen Surferbereich. Das vielleicht schönste Stück Kinzig verläuft durch die →*Bulau* zwischen Erlensee und →*Wolfgang*. Der Fluss darf sich hier selbst seinen Weg suchen und ungehindert über die Ufer treten, was die in weiten Teilen als Fauna-Flora-Habitat-Schutzgebiet ausgewiesene Auenlandschaft samt ihrer Artenvielfalt an Pflanzen und Tieren erst möglich gemacht hat. Die schmalen Pfade sind auch bei menschlichen Besuchern äußerst beliebt. Im →*Lamboy* lädt dann ein Licht- und Luftbad zur ungezwungenen Freizeitgestaltung im Freien ein. Einer der schönsten öffentlichen Rückzugsorte ist seit einigen Jahren der Tiefgarten ganz nah am Wehr der Herrenmühle, mit Liegewiesen, schattenspendenden Bäumen und Spiel- und Sportgeräten. Bei der Hanauer Ski- und Kanugesellschaft wird für Wettkämpfe im Kanuslalom, etwa am Bulauwehr, trainiert. Zur gemütlichen Bootstour stehen an der Kinzigmündung Tretboote bereit.

An der Hellerbrücke verewigt: ein Pfennig genauso wie das Wappen des Erbprinzen Wilhelm IX.

Bootsverleih an der Mündung der Kinzig in den Main

Klein-Auheim

Direkt am Mainradweg liegt dieser beschauliche Ortsteil, der mit ein paar hübschen Fachwerkhäusern, Mäusebrunnen, Rosengarten und interessanter Industriegeschichte aufwarten kann. Die katholische Kirche St. Peter und Paul wurde im 19. Jahrhundert anstelle eines mittelalterlichen Vorgängerbaus an der Hauptstraße errichtet. Sie ist mächtiges Zeugnis des wirtschaftlichen Aufschwungs, der dank der Eisenbahn und der Zigarren-

Die katholische Kirche St. Peter und Paul wurde 1868 über einem Vorgängerbau errichtet.

Ehemalige Brüder-Bauer-Werke

industrie (in Heim- und Fabrikarbeit) in den kleinen Fischerort gekommen ist. Da auch Zigarrenkisten und bunte Banderolen benötigt wurden, siedelten sich bald weitere Fabriken wie die Druckfabrik Illert an. Die „Hessische Gummiwarenfabrik Fritz Peter" stellte ab 1906 Bälle und Reifen her. Ab den Zwanzigerjahren waren die berühmten Fahrräder der „Bauer'schen Metallfabrik" weltweit ein Verkaufsschlager. 1968 wurde die Produktion eingestellt. Im historischen Werksgebäude sind inzwischen schicke Eigentumswohnungen entstanden.

Am 30. März 806 wurde das ehemalige Fischerdörfchen erstmals in einer Urkunde erwähnt, allerdings noch

Brunnen am Wilhelm-Leuschner-Platz

nicht explizit getrennt von seinem größeren Nachbarn auf der anderen Mainseite, →*Großauheim*. Beide Orte wurden wohl auf einer Gemarkung des Edelmanns Ewic gegründet: Aus dem 6. Jahrhundert sind fränkische Gräber in der Langgasse Klein-Auheims nachgewiesen. Ab 1425 gehörten beide über knapp vier Jahrhunderte zum Kurfürstentum Mainz, was sich in ihren Wappen widerspiegelt, in denen das Mainzer Rad eine dominante Stellung einnimmt. In Klein-Auheim erinnert auch die vier Kilometer lange historische Bruchsteinmauer rund um die ehemalige kurfürstliche Fasanerie (heute Wildpark Alte Fasanerie) an die katholischen Regenten. Die Mainzer Erzbischöfe kamen gerne ins →*Schloss Steinheim*, von wo aus sie zur Jagd in das nahe Wildgehege aufbrachen. Auch dass es erst seit 1958 eine evangelische Kirche in Klein-Auheim gibt, ist ein Indiz für ihre lange Herrschaft. Seit dem 1. Juli 1974 ist Klein-Auheim ein Stadtteil von Hanau.

Auch ein paar Fischgräten sind hier versteckt.

Adolph Freiherr Knigge

Bevor Adolph Freiherr Knigge in einem Frankfurter Gartenhäuschen seinen Bestseller „Ueber den Umgang mit Menschen" schrieb, die als „Knigge" berühmt gewordene Benimmfibel, hatte er zwei Jahre mit Frau und Tochter am Hofe zu Hanau gelebt, ohne jedoch die erstrebte Festanstellung zu erlangen. Der in Bredenbeck bei Hannover geborene Schriftsteller und Stückeschreiber war 1776 von Kassel in das „wahrhaft niedliche Städtgen" an →*Main* und →*Kinzig* gezogen, wo er auf eigene Kosten die Rolle des „Maître de Plaisir" übernahm und für seine geistreiche Unterhaltung zunächst viel Applaus erhielt. Er führte Regie an der Privatbühne →*Wilhelms IX.* im alten Burgteil des Stadtschlosses, zu deren Wiederbelebung er ihn selbst hatte überreden können. Einer Freimaurerloge schloss er sich an, um dadurch Einfluss in der bürgerlichen Welt zu bekommen, wie er schrieb. Er war zunächst aufgrund seiner Unterhaltungskunst aber wohlgelitten, es kam zu ersten Problemen, als der Erbprinz selbst eine Rolle auf der Bühne übernahm, aber den Text vergaß – oder wurde an falscher Stelle gelacht? Wilhelm IX. ließ sofort den Vorhang fallen und sah von weiteren eigenen Einsätzen als Schauspieler ab. Spätestens als sich Knigge schlecht über die Mätressenwirtschaft des Erbprinzen äußerte, ihn gar öffentlich an die eheliche Treuepflicht erinnerte, fiel er in Ungnade am Hanauer Hof. Er wurde Opfer einer Intrige, sodass er, verarmter Adeliger wie zuvor, aber um eine höfische Erfahrung reicher, die Residenzstadt über Nacht gen Frankfurt verließ.

In der landeskundlichen Abteilung der Hanauer Stadtbibliothek wird eine Ausgabe Adolph Freiherr Knigges „Ueber den Umgang mit Menschen" aus dem Jahr 1796 aufbewahrt. Sie ist im Besitz des Hanauer Geschichtsvereins.

Lamboy

Es ist eine Ironie der Stadtgeschichte, dass ein ganzes Quartier nach einem General benannt wurde, der die Stadt während des Dreißigjährigen Krieges in arge Bedrängnis gebracht hat. Guillaume de Lamboy stand den kaiserlich-katholischen Truppen der Spanischen Niederlande vor, die bei Hanau auf ihre schwedischen Gegner trafen. Da eine Einnahme mit militärischen Mitteln nicht gelang, schloss General Lamboy die Festung ab Herbst 1635 mit 21 Schanzen ein, von →*Steinheim* und dem heutigen Lamboy aus. Natürlich wurden innerhalb der Mauern die Lebensmittel knapp und das Trinkwasser schlecht, die Belagerung dauerte zehn Monate, die Pest brach aus. →*Grimmelshausen* hat die verheerenden Zustände anschaulich beschrieben. Erst als Landgraf Wilhelm V. von Hessen-Kassel die schwedischen Truppen verstärkte, gelang es, die Stadt von den Belagerern zu befreien. Man schrieb den 13. Juni

Am Ulanenplatz wurden ehemalige Kasernengebäude saniert und neuen Nutzungen zugeführt.

1636. Zur Erinnerung daran wird im Juni das Lamboyfest gefeiert, seit einiger Zeit in der →*Altstadt* rund um das →*Deutsche Goldschmiedehaus*.
Im Lamboywald und dem Auenland im Osten vor der Stadt fand 1813 auch die letzte siegreiche Schlacht der Truppen Napoleons statt. Bebaut wurde das Gebiet erst zum Ende des 19. Jahrhunderts, als Ulanen- und Eisenbahnregimenter von Berlin nach Hanau verlegt wurden. Vier Kasernen entstanden entlang der Lamboystraße, die heute unter Denkmalschutz stehen. Sehenswert ist die Hessen-Homburg-Kaserne mit neuen Mietern seit dem Abzug der US-Streitkräfte und die einstige zur Hutierkaserne gehörende Speiseanstalt der Offiziere des Eisenbahnregiments von 1913. Südlich der Lamboystraße, die in der Nachkriegszeit dank zahlloser Bars und Musikclubs als hessisches St. Pauli bekannt war, entstand ab 1963 das neue Wohngebiet Tümpelgarten. Die jüngste Aufwertung erfuhr das Viertel durch die Landesgartenschau von 2002, etwa mit den Françoisgärten.

Auf der Lamboystraße mischt sich historische Bausubstanz mit modernen Lokalitäten.
Folgende Doppelseite: Wasserachse in den Françoisgärten

Main

Als das Fischerdorf →*Kesselstadt* eingemeindet wurde, lag Hanau endlich ganz offiziell nicht mehr nur an der →*Kinzig*, sondern auch am Main. Und seit auch →*Klein-Auheim* und →*Steinheim* zum Stadtgebiet zählen, fließt der aus Bayern kommende Fluss sogar ganze siebeneinhalb Kilometer durch die Stadt. Im Kinzdorf, nicht weit von der Mündung der Kinzig in den Main, stand allerdings schon im Mittelalter Hanaus allererste Kapelle mit dem bis zur Gründung der →*Neustadt* einzigen Friedhof. Ganz in der Nähe hoben die Wallonen und Flamen den Mainkanal aus. Morgens um sechs fuhr hier viele Jahrhunderte lang das Marktschiff nach Frankfurt ab. Erst als die nordmainische Eisenbahn gebaut worden war, rentierte sich die dreistündige Flussfahrt nicht mehr. Wichtige Wasserstraße ist der Main geblieben, beliebte Naherholungszone war er immer schon. In den Zwanzigerjahren gab es zwischen den Mainwiesen am →*Schloss Philippsruhe* und der Steinheimer Brücke allein sechs Badeanstal-

Der Main, wie etwa hier in Großauheim, ist ein Paradies für Natur- und Sportfans.

Auch Hanaus Wappentier liebt den Main.

ten. Am idyllischen Maindamm, dem schönsten Hanauer Flussstück auf der rechten Seite, haben sich gleich zwei alteingesessene Ruderclubs niedergelassen, die über erhöhte Terrassen mit Blick aufs Wasser verfügen. Die Hanauer Rudergesellschaft 1879 e.V. ist nach der Turngemeinde sogar der zweitälteste Sportverein der Stadt. Die „Hassia" kam 1904 hinzu, 1919 als dritter Ruderclub die „Möve" in →*Großauheim*.

Bis zur Erfindung der Dampfschifffahrt mussten größere Schiffe auf dem Main getreidelt werden. Sie wurden an langen Seilen per Pferdekraft vom Leinpfad aus gezogen, der von Aschaffenburg bis Frankfurt rechtsmainisch, also auf der Kesselstädter Seite, verlief. Zwischen dem Wasserschifffahrtsamt und dem Hanauer „Balkon", am Bootsverleih unterhalb der Hellerbrücke, ist ein Stück des Leinpfades noch begehbar. Im Main wurde natürlich immer auch gebadet, was heute wieder möglich ist, ohne dass man dabei seine Gesundheit gefährdet (Obacht aber mit der Strömung). Das war nicht immer so; in den Siebzigerjahren galt der Fluss als biologisch tot. Inzwischen leben wieder viele verschiedene Fische darin.

Vom Mittelalter bis zum Beginn des 19. Jahrhunderts war der Main immer wieder umkämpfte politische Grenze. Auf der einen Seite lag die Grafschaft Hanau (später das Kurfürstentum Hessen-Kassel), auf der anderen das Erzbistum Mainz. Ärger zwischen den so unterschiedlichen, diesseits reformierten, jenseits katholischen Herren war vorprogrammiert. Der Mainzer Kurfürst störte sich am Hanauer Marktschiff auf „seinem" Main und ließ es sogar einmal beschießen und versenken. Unmut erzeugte auch die Begradigung des Flusses vor Schloss Philippsruhe, als die kerzengerade Philippsruher Allee angelegt wurde.

Marienkirche

Farbige Glasfenster mit der Heiligen Familie und ein reich verziertes, filigranes Netzgewölbe schmücken den beeindruckenden Chor, der zu den schönsten des ganzen Mittelrheingebiets zählt. Seit seiner Fertigstellung im Jahr 1492 hat er die Zeiten wie durch ein Wunder nahezu unbeschadet überdauert. Graf Philipp I. von Hanau-Münzenberg (sein Porträt findet sich in den Wangen des Chorgestühls) hatte ihn nach einer erfolgreich überstandenen Pilgerreise nach Jerusalem bei Siegfried Ribsche aus Büdingen in Auftrag gegeben. Damals war die Maria Magdalena geweihte Kirche, die erst seit 1818 in Marienkirche (und zwar nicht nach der Jungfrau, sondern nach der Landgräfin Maria von Hessen-Kassel) umbenannt wurde, wohl schon über dreihundert Jahre alt, auch wenn sie erstmals 1316 in einem Ablassbrief des Erzbischofs von Mainz erwähnt wird. Der Schlussstein des Chorgewölbes zeigt inmitten der Hanauer Wappen das „Noli me tangere", den auferstandenen Christus als Gärtner mit Magda-

Der Chor der Marienkirche ist über 500 Jahre alt.

lena. 1434 wurde die Kirche zur Pfarrkirche erhoben und bald darauf als Grablege der Hanauer Grafen genutzt. Noch heute sind kunstvolle, aus Sandstein gefertigte Epitaphe darin aufgestellt. Bei der Renovierung der Sakristei wurden an der Südwand Fresken mit dem Martyrium des Heiligen Laurentius und der Ärzte Kosmas und Damian wiederentdeckt. Es empfiehlt sich auch, in die Gruft hinabzusteigen, die den Zinnsarg des Neustadtgründers Philipp Ludwig II. von Hanau-Münzenberg ebenso birgt wie den Leichnam des Kurfürsten Wilhelm II. von Hessen-Kassel. Nach der Reformation wurde das ehemals dreischiffige Langhaus zur Saalkirche umgebaut und nach einem erneuten Konfessionswechsel zugunsten des reformierten Protestantismus Ende des 16. Jahrhunderts seiner reichen Ausstattung mit Kunstwerken beraubt. Mindestens fünf der Seitenaltäre wurden zerstört. Lediglich ein mittelalterlicher Kreuzaltar hat einen neuen Aufstellungsort in Wörth am Main gefunden.
Durch die Bombenangriffe im Zweiten Weltkrieg blieb vom Kirchenschiff nur das Netzgewölbe übrig. Es wurde in schlichter Form bis 1961 wieder aufgebaut. Schmuckstück der letzten Jahre ist die Grenzing-Orgel.

Das Deckengewölbe des Chors

Milch

Ein Abstecher ins Grüne mitten in der Stadt: Von der Hanauer →*Altstadt* nach →*Kesselstadt* geht's am schönsten durch die „Milch", wie der grüne Streifen am Ufer der →*Kinzig* genannt wird, der an heißen Sommertagen Abkühlung verspricht. Der Milchweg führt an wohl schon im 17. Jahrhundert angelegten Kleingärten vorbei. Auch ein Gnadenhof für alte und gebrechliche Tiere hat sein Refugium unweit der Kinzig gefunden. An den Milchwiesen, die im Winter mit Wasser besprüht eine wunderbar sichere Eisfläche ergeben und im vorletzten Jahrhundert der Brauerei Kaiser zur Herstellung von Kühleis dienten, kann man zur römischen →*Therme*

Die Milchwiesen stehen unter Landschaftsschutz.

auf dem Kesselstädter Friedhof abbiegen oder weiter am Salisbach bis zum Garten des →*Olof-Palme-Hauses* durch ein uriges Waldstück laufen, in dem sogar zwei Rehe leben. Für die Bezeichnung „Milch" ist die 1235 erstmals erwähnte Antonitermühle verantwortlich, die vermutlich unterhalb der Kinzigbrücke an der Hanauer Vorstadt im Mühlwald stand. Die Mundart oder die französischen Neubürger haben aus der Mühle, französisch *mille*, oder dem altertümlichen „Mühlloh" hessisch die „Milsch" gemacht. Die Neu-Hanauer waren es, die auf dem ehemaligen Mühlengelände Gärten anlegten, für die sie innerhalb der Stadttore keinen Platz mehr fanden. Die historische Bruchsteinmauer ist allerdings erstmals 1794 in einer Karte verzeichnet. Auf dem Milchweg ist auch der Hessische Radfernweg R3 aus dem Rheingau und von →*Schloss Philippsruhe* kommend in die Altstadt und weiter zur →*Bulau* ausgeschildert. Auf ihm kann man in östlicher Richtung bis in die Rhön radeln, in weiten Teilen an der Kinzig entlang.

Im Winter werden die Milchwiesen geflutet und dann als Kaiserteiche bezeichnet.

Mittelbuchen

Der kleinste Stadtteil ist auch der älteste. Mittelbuchen wurde nicht nur bereits 798 in einer Schenkungsurkunde an das Kloster Lorsch erwähnt, sondern schon vor 5500 Jahren, in der Jungsteinzeit, als Dorf besiedelt. Es ist über die vielen Jahrhunderte als Siedlung kontinuierlich erhalten geblieben, war sogar befestigt, ohne aber je Stadt- oder Marktrechte erhalten zu haben. Erst im Jahr 1972 musste man sich einer der größeren Gemeinden in der Umgebung angliedern – Hanau, Maintal und Bruchköbel standen zur Wahl – und entschied sich ganz knapp, aber freiwillig für Hanau. Erst zwölf Jahre zuvor war das moderne Leben in Mittelbuchen einzogen. Der Ort wurde an die Wasserleitungen angeschlossen. Die Bewohner mussten das Wasser nicht mehr aus den Dorfbrunnen oder einem der über hundert privaten Brunnen schöpfen. Dennoch ist hier die dörfliche Vergangenheit noch konserviert. Alt-Mittelbuchen, das durch den Wilhelmsbader Wald weit von der

Die Pfarrkirche St. Bonifatius liegt oberhalb des Stadtteils.

In die Wächterstube des pittoresken Obertores ist das Heimatmuseum eingezogen.

Hanauer Kernstadt abgetrennt liegt, ist von herrlichen Hofreiten mit viel Fachwerk geprägt. Der BahnRadweg führt durch den Ortskern und das malerische Obertor, das Teil der über siebenhundert Meter langen Befestigungsanlage von 1535 war. In der ehemaligen Wachstube ist inzwischen das Heimatmuseum untergebracht (sonntags 15 bis 17 Uhr). Auch die evangelische Pfarrkirche St. Bonifatius besteht aus einem mittelalterlichen Wehrturm und einer Saalkirche von 1756.

Zwischen Bruchköbel und Mittelbuchen befinden sich die Überreste einer der ältesten mittelalterlichen Burgen der Region.

Neustadt

Die Hanauer Neustadt wurde auf dem Reißbrett geplant und in rechtwinkligen Rastern angelegt, wie es wenige Jahre später beispielsweise auch in Mannheim geschah. Das „hippodamische System“ stellte ein Novum in der deutschen Stadtentwicklung dar. Verantwortlich für die Hanauer Planstadt waren die aus ihren Heimatregionen, den Spanischen Niederlanden und Nordfrankreich, vertriebenen reformierten Flamen und Wallonen, die auch im lutherischen Frankfurt, ihrer ersten Station, Religionsverbot bekamen: Für ihre Gottesdienste, die den neuen Lehren Calvins und Zwinglis folgten, mussten sie ins damals zur Grafschaft Hanau gehörende Bockenheim weit vor die Stadttore wandern. Von dem ebenfalls dem reformierten Glauben anhängenden und ökonomisch weitsichtigen Grafen Philipp Ludwig II. von Hanau-Münzenberg, der im Übrigen erst 21 Jahre alt und mit der in Antwerpen geborenen Katharina Belgia frisch verheiratet war, bekamen sie Bauland im Süden Hanaus angeboten – und zwar in doppelter Größe, wie sie das Residenzstädtchen innerhalb der Wallanlagen an der Kinzig damals selbst aufbot. Am 1. Juni 1597 wurde die „Kapitulation“, eine mehrseitige Urkunde zur Neustadtgründung, vom Grafen und elf Ratsherren unterzeichnet. Schon drei Jahre danach waren 18 Häuser nach Antwerpener Vorbild fertig. Die neuen Hanauer waren Kaufleute, Textilien herstellende und verarbeitende Handwerker, vor allem Posamentierer, Silber- und Goldschmiede, die die wirtschaftliche Kraft der Stadt vervielfältigten und die Grundlagen des späteren Industriestandorts gelegt haben.

Auch die Malkunst profitierte von der Gründung der Hanauer Neustadt, weil die neuen Häuser wie in der Heimat üblich mit Gemälden geschmückt werden sollten.

Die Inschrift des ersten Hauses der Neustadt Hanau ist in der Paradiesgasse erhalten.

Die Zwillinge Peter und Isaak Soreau sind die Protagonisten der Hanauer Stillleben-malerei. Sie wurden kurz nach Gründung in der Neustadt geboren und gingen schon mit sieben Jahren bei ihrem aus Antwerpen stammenden Vater Daniel Soreau in die Lehre, der in Hanau vier Häuser erworben und eine berühmte Malschule gegründet hatte. Er galt um 1620 als bester Ausbilder in ganz Europa. Im Historischen Museum Hanau →*Schloss Philippsruhe* sind zwei Früchtestillleben seiner Söhne ausgestellt.

Die sternförmige Bastion, die direkt an die Wallanlagen der →*Altstadt* anschloss und von Graf Philipp finanziert wurde, blieb bis zur Schleifung unter →*Wilhelm IX.* bestehen. Nun gab es also zwei Hanaus, die bis ins erste Drittel des 19. Jahrhunderts in der Verwaltung voneinander getrennt blieben. Die originale Wohnbebauung der Neustadt ist inzwischen zerstört; lediglich die →*Wallonisch-Niederländische Kirche* und das →*Neustädter Rathaus* wurden nach dem Zweiten Weltkrieg wieder aufgebaut. Die rechtwinklige Straßenführung steht unter Anlagenschutz.

Das Denkmal Philipp Ludwigs wurde anlässlich der Dreihundertjahrfeier der Hanauer Neustadt 1897 im Süden der wallonisch-niederländischen Doppelkirche aufgestellt.

Neustädter Rathaus

Über hundert Jahre jünger als die →*Wallonisch-Niederländische Kirche* ist das Historische Rathaus am Neustädter Markt, das mit dieser in Sichtkontakt steht. Es wurde 1723 bis 1733 von Christian Ludwig Hermann aus fränkischem Sandstein errichtet, obwohl die Exilanten es schon 1606 geplant, die Finanzierung aber nicht sogleich hinbekommen hatten. Der letzte Hanauer Graf, Johann Reinhard III., förderte jedoch Bautätigkeiten in Stadt und Grafschaft, wo er nur konnte; sogar Goethe lobte ihn dafür. Während seiner Regierung wurden die lutherischen →*Reinhardskirchen* in der Region errichtet, in →*Kesselstadt*, Windecken und Steinau an der Straße. Er ließ die →*Johanneskirche* in der →*Altstadt* erweitern, das →*Frankfurter Tor* in barocker Manier neu errichten. Selbst die erste Hanauer Straßenbeleuchtung ist ihm zu verdanken.

Im Dachgiebel des Neustädter Rathauses prangt das Doppelwappen Johann Reinhards III. und seiner Gattin Dorothea Friederike von Brandenburg-Ansbach, die allerdings schon zwei Jahre vor Fertigstellung des Gebäudes verstorben war. Die weiblichen Allegorien symbolisieren Frieden und Gerech-

Detailansicht Rathaus. Perspektive vom Wappen zur Rathausspitze mit Turmhaube und goldnem Wappenschwan

tigkeit. Das Neustadtwappen mit der Jahreszahl 1733 ist in den gusseisernen Balkon integriert. Erst 22 Jahre später wurde dem Rathaus der Uhrturm mit Glockenspiel aufgesetzt, das im Siebenjährigen Krieg auf ungeklärte Weise verloren gegangen ist. 1977 wurde ein neues Glockenspiel installiert. Viermal täglich erklingen verschiedene Stücke, etwa von Paul →*Hindemith*, aus dem Rathausturm, gelegentlich werden sogar Live-Konzerte den Hanauern von dort oben zu Gehör gebracht.

Rathaus mit dem einzigen erhaltenen Marktbrunnen von ursprünglich vieren

Olof-Palme-Haus

Die schönste Villa an der Philippsruher Allee steckt voller Geschichten. Und immer noch werden neue erzählt, auf der Bühne des Hist(o)erischen Theaters im Erdgeschoss oder während der vielen Feste und Picknicke im weiten Park. Denn das ist das Schöne: Die Villa ist im Besitz der Stadt, die sie an Vereine vermietet und damit allen Bürgern zugänglich gemacht hat. Erbaut wurde das Anwesen erstmals Anfang des 17. Jahrhunderts. Nach dem Drei-

Das Prachtgebäude aus dem 17. Jahrhundert liegt an der Philippsruher Allee.

ßigjährigen Krieg musste es allerdings völlig neu errichtet werden: 1654 entstand der heutige zweigeschossige Barockbau. Der mainseitige auf vier Säulen ruhende Balkon wurde ihm aber erst Mitte des 19. Jahrhunderts hinzugefügt, auch viele Teile der Inneneinrichtung wie die Bibliothek. Besitzer war damals Georg Christ, der viele Jahre in Amerika gelebt hatte und als gemachter Mann nach Hanau heimgekehrt war. Auf mehrere Millionen Gulden soll sich sein Vermögen belaufen haben. Sein aufwendiger Lebensstil spiegelt sich in der gesamten Ausstattung des Anwesens wider. Im Park ließ er einen Burgturm erbauen, der 1971 nach einem Blitzeinschlag abgetragen wurde. Ein späterer Besitzer war der Fabrikant Hermann Krebs, der in einem Anbau an die Villa Billardtische und Grammophone in Jugendstildekor herstellen ließ und diese „in alle Weltteile" exportierte, wie in Verkaufsanzeigen zu lesen war. Nach dem Zweiten Weltkrieg bezog die amerikanische Militärverwaltung das Gebäude und übergab es als Amerikahaus der auch geistig ausgehungerten Hanauer Jugend, die darin Mickey-Mouse-Filme

Detailansicht der Säulenköpfe

ansehen und Bücher ausleihen konnte. Ab 1955 waren die Jugendherberge und ein Jugendheim in dem immer noch repräsentativen Gebäude eingerichtet, das freilich erst seit 1987 als Olof-Palme-Haus bezeichnet wird. Ein Jahr zuvor war der schwedische Premier in Stockholm nach einem Kinobesuch auf offener Straße erschossen worden. Der Förderverein Olof-Palme-Haus e.V., aus Bürgerprotesten gegen den Verkauf des Gebäudes hervorgegangen, organisiert Theatertage und Jazzpicknicks. Eine schöne Geschichte!

Oppenheim, Moritz Daniel

Moritz Daniel Oppenheim, im Jahr 1800 am westlichen Eingang der →*Judengasse* im Haus „Zur Goldenen Krone" nur wenige Jahre vor Ende des Ghettos geboren, ist als „erster jüdischer Maler" in die Kunstgeschichte eingegangen – weil er nicht nur zeitlebens bewusst Jude blieb (viele seiner Zeitgenossen ließen sich taufen), sondern in seinen Ölgemälden auch Alltag und Bräuche des „altjüdischen", stark ritualisierten Lebens festgehalten hat. Zwischen 1866 und 1882 veröffentlichte er diese Bilder als Mappe in Schwarz-Weiß mit durchschlagendem Erfolg. Sie wurde zum meist verkauften jüdischen Buch in deutscher Sprache. Dank der Sujets, die er wählte – Beschneidungsritus, Sabbat, Laubhüttenfest –, erhalten wir viele Einblicke in das Leben der (Hanauer) Juden.

Oppenheims Zeichentalent wurde früh erkannt. Schon mit zehn Jahren nahm ihn die Zeichenakademie auf. Er bildete sich bald selbst in München, Frankfurt, Paris, Rom und Neapel weiter. Mit nur 25 Jahren war er in Frankfurt als Porträtmaler etabliert und als erster Jude am Städelschen Kunstinstitut als Ehrenmitglied aufgenommen. Die städtische Prominenz ließ sich von ihm malen, darunter Mitglieder der Familie Rothschild, Ludwig Börne, 1831 auch Heinrich Heine, der sechs Jahre zuvor zum Christentum übergetreten war, um einen Fuß in die Gesellschaft zu bekommen, wie er sagte. Oppenheim heiratete in erster Ehe Adelheid Cleve, die er seit der Kindheit aus der Hanauer Judengasse kannte, die aber leider lange vor ihm verstarb.

Oppenheim-Denkmal

Eine Reihe seiner Gemälde wird im Historischen Museum Hanau in →*Schloss Philippsruhe* mit zeitgenössischem Mobiliar präsentiert, darunter ein Selbstporträt von 1825, ein Porträt seiner Frau und alttestamentliche Szenen. Auf dem Freiheitsplatz erinnert die Skulptur „Moritz und das tanzende Bild" von Robert Schad an ihn.

Orangerie

Orangen, Feigen und Zitronen nördlich der Alpen zu kultivieren, das war Ehrgeiz und teures Hobby der herrschenden Schicht schon seit dem 16. Jahrhundert. Es ließ sich damit gut die eigene Weltläufigkeit und finanzielle Potenz herausstreichen. In Hanau wurden die exotischen Gewächse zunächst im südlichen Seitenflügel von →*Schloss Philippsruhe* gezüchtet und überwintert. Graf Johann Reinhard III. von Hanau-Lichtenberg war es dann, der die frei stehende Orangerie nordwestlich des von ihm zuvor erweiterten Schlossparks in Auftrag gab. Auch im Hanauerland hat er die Residenz mit einer Orangerie versehen lassen, die heute als nahezu einziges Zeugnis der zu Revolutionszeiten zer-

Die Orangerie von 1722 am westlichen Ende des Schlossparks von Philippsruhe

Historischer Park am Schloss Philippsruhe

störten Anlage erhalten geblieben ist. Viel Brennholz musste verfeuert werden, um die beiden Orangerien im Winter angemessen zu klimatisieren.

Da die Orangenbäume in Kübeln wuchsen, konnte man sie flexibel platzieren: in der kalten Jahreszeit nahe der Heizkörper, im Sommer prächtig inszeniert auf den Terrassen des Parks. In zwei Gewächshäusern links und rechts der Orangerie zog der Hofgärtner auch Pfirsiche und Melonen, Salate, Kohl und Bohnen. Weinstöcke und Stachelbeeren gediehen an der langen Mauer zum Main hin. In der Verkaufsannonce von Napoleons Schwester Pauline zum Verkauf von Schloss Philippsruhe waren als Bestand einer der „seltensten und kostbarsten Orangerien von Deutschland“ vierhundert Orangen-, Myrten-, Lorbeer- und Granatapfelbäume angegeben. Die exotischen Früchte wurden längst nicht nur für den fürstlichen Eigenbedarf kultiviert, sondern für die kommerzielle Nutzung im großen Stil. Überschüsse verkaufte man beispielsweise an die Hanauer Bevölkerung, die sonntags gerne durch den Park spazierte und sich an der Pflanzenpracht erfreuen durfte, zumindest so lange die Herrschaften auf Reisen waren. Kurfürst Wilhelm II. ließ sich sein Obst und Gemüse von Philippsruhe nach Baden-Baden liefern und beschwerte sich, wenn die Orangenernte einmal zu mickrig ausfiel. Allerdings verlor er einmal große Bestände der Orangenbäume in der Spielbank von Bad Homburg, wo sie fortan im Kurpark aufgestellt wurden.

Papiertheatermuseum

Es wird empfohlen, ein Opernglas zu gebrauchen. Auch wenn nur fünfundzwanzig Zuschauer pro Aufführung in den Blauen Saal von →*Schloss Philippsruhe* eingelassen werden, so ist die Bühne doch so klein, dass eine Sehhilfe hilfreich sein kann. Auch wer nicht zu einem in dieser Form deutschlandweit einzigartigen Schauspiel ins Papiertheatermuseum kommen mag, kann die im linken Obergeschoss des Historischen Museums Hanau untergebrachte Sammlung, die vom Verein Forum Papiertheater und der Stadt Hanau getragen wird, dienstags bis sonntags zwischen 11 und 18 Uhr ausgiebig in Eigenregie bestaunen. Aus dem 19. Jahrhundert stammen diese Guckkästen für den Hausgebrauch, die auch als „Fernseher des Biedermeier" in die Kulturgeschichte des Alltags eingegangen sind. Jede besser gestellte Familie bot in der guten Stube diese Schauspiele auf, um den Kleinen die Grimm'schen Märchen und Sagen und bekannte Opern nahezubringen. Zahlreiche Verlage, kleine und große, hatten die Papierbühnen ab 1810 im Programm: 25 bis 60 Zentimeter breite Theaterkulissen mit Figuren als Bastelbögen zum Ausschneiden und Zusammenkleben.

Przewalskipferde

Die Hanauer Steppe findet sich auf dem Campo Pond, einem ehemaligen Truppenübungsplatz, auf dem sich ein hochwertiger Lebensraum für Pflanzen und Tiere entwickelt hat, der als Natura-2000-Schutzgebiet gekennzeichnet ist. Und es sind die Ziele des Naturschutzes, die die aus Zentralasien stammenden, sehr seltenen und nach ihrem Entdecker Nikolai Michailowitsch Przewalski benannten Urwildpferde zwischen →*Wolfgang* und →*Großauheim* leben und weiden lassen. Noch in der Kaiserzeit wurde das Gebiet für militärische Zwecke gerodet. Nach dem Zweiten Weltkrieg hoben US-Soldaten einen Teich, Pond genannt, aus, um den Brückenbau für Kriegsfälle zu üben. Als sie 2008 abzogen, konnte man das sandige Gelände der Natur zurückgeben. Günstigerweise hatte es keine landwirtschaftliche Nutzung mit Pestiziden oder Dünger zu verkraften. Mangel an Nährstoffen kennzeichnet das steppenähnliche Gelände, das sich aus den Mainsanden vor über 10 000 Jahren gebildet hat. Die auf den Grasflächen wachsenden Silber- und Rotschwingel-Straußgräser, die Flechten und Moose sorgen für seltene Sandlebensgemeinschaften, in denen sich auch Insekten, Vögel und Reptilien zu Hause fühlen: eine echte Rarität in Hessen. Seit 2009 erhalten die Przewalski-Urwildpferde die rund 51 Hektar Hanauer Steppe und sich selbst. Ihre Weideleistung schützt das Gelände vor Verbuschung. Sie selbst gelten in freier Wildbahn seit den Siebzigerjahren als ausgestorben. Die ersten fünf Hanauer Stuten kamen deshalb aus der Zucht der Münchner und Nürnberger Zoos. Nach erfolgreicher Vermehrung in Hanau ist ihre Auswilderung nach Kasachstan und in die Mongolei vorgesehen.

Przewalskipferde auf dem Campo Pond

Ratspokal

Vor Gründung der →*Neustadt* war nur ein Silberschmied in Hanau ansässig. In den Reihen der reformierten Neubürger gab es nun zahlreiche Edelmetallarbeiter und -händler, die den Grundstein Hanaus als Goldschmiedestadt legten. In der Beletage des →*Schlosses Philippsruhe* hält der feuervergoldete Hanauer Ratspokal seinen herausragenden Platz. Er ist 63,5 Zentimeter hoch und 1850 Gramm schwer und wurde zwischen 1621 und 1625 in einer Hanauer Silberschmiede, wohl von Hans Rappoldt dem Jüngeren, gefertigt. Mit personifizierten Tugenden und der Justitia als Deckelbekrönung zeigt er ein außergewöhnlich reiches ikonografisches Programm.

Bereits für 1610 ist eine Goldschmiedezunft nachweisbar, deren Zunftmeister der aus Nürnberg stammende Rappoldt im Jahr 1621 war. Der Ratspokal stellt nicht nur ein singuläres Zeugnis der Goldschmiedekunst in Hanau dar, sondern ist auch ein wichtiger Beweis für den Bürgerstolz der Stadt. Im 19. Jahrhundert scheint er seine Symbol- und Wirkkraft jedoch verloren zu haben. Als man ihn 1880 „zufällig" in einer Eisenkiste im Rathaus fand, wurde er an die Sammlung Rothschild veräußert. Immerhin ließ man damals für die Schüler der Zeichenakademie eine Kopie anfertigen. Als die Sammlung Rothschild 1911 mit einer Auktion in Paris aufgelöst wurde, verliert sich die Spur des Hanauer Ratspokals für ein paar Jahrzehnte. Erst siebzig Jahre später ist er im Nürnberger Antiquitätenhandel aus amerikanischem Privatbesitz wieder aufgetaucht. Mit einiger finanzieller Anstrengung konnte er erneut erworben werden. Als Kulturgut geschützt, wird er nun für immer in Hanau bleiben.

Ratspokal der Stadt Hanau

Reinhardskirche

In →*Kesselstadt* hat Hanau den Charme eines Fachwerkdörfchens mit fürstlicher Färbung, schließlich liegt →*Schloss Philippsruhe* in Blicknähe. Geht man von der Gaststätte „Zum Rothen Löwen" durch die Bienengasse, eröffnet ein kunstvoll geschmiedetes Tor das Areal der Kirche, die als eine der letzten Reinhardskirchen für die lutherischen Protestanten errichtet wurde. Graf Johann Reinhard III. von Hanau-Lichtenberg hatte mehrere neue, nach ihm benannte Kirchenbauten in der Grafschaft Hanau angeregt. Die Kesselstädter Reinhardskirche wurde zwischen 1729 und 1734 aus schwarzem Wilhelmsbader Basalt und rotem fränkischem Sandstein erbaut und diente auch als Schule. Zuvor hatten die Kesselstädter Lutheraner einen Saal im Gasthaus „Zum Schwanen" für ihre Gottesdienste genutzt. Anstelle der 1903 erbauten Friedenskirche an der Philippsruher Allee (mit Glasfenstern von August Peukert aus den Fünfzigerjahren) ist schon für das Jahr 1275 eine Vorgängerkirche erstmals urkundlich erwähnt. In ihrer Nachfolgerin aus gotischer Zeit hielten die Reformierten ihre Gottesdienste ab. Erst nach der „Hanauer Union" im Jahr 1818 feierten die Lutheraner und Reformierten gemeinsam das Abendmahl, auch in Kesselstadt. Mit Beginn des 20. Jahrhunderts wurde die Reinhardskirche nur noch für profane Versammlungen genutzt. Besonders idyllisch ist der Weihnachtsmarkt auf dem Kirchhof am ersten Adventswochenende.

Schlacht bei Hanau

Auf dem Arc de Triomphe in Paris ist Hanau als Erinnerungsort verzeichnet. Napoleons Truppen haben am 30. Oktober 1813 ihre letzte siegreiche Schlacht auf deutschem Boden auf den Wiesen vor Hanau geschlagen. Graf Carl Philipp von Wrede, der die gegnerischen bayerisch-österreichischen Truppen anführte, hatte die Schlagkraft der französischen Truppen offensichtlich unterschätzt. Auf dem Gebiet des Stadtteils →*Lamboy* kämpften sie gegen Napoleons Soldaten, die bereits auf dem Rückzug von Russland waren und die Schlacht bei Leipzig wenige Tage zuvor verloren hatten. Noch lange sollen sich Tausende Leichen am Ufer der →*Kinzig* gestapelt haben.

Vier Mal kam der französische Kaiser übrigens persönlich durch Hanau. Am 16. Mai 1812 haben die Hanauer ihn und seine Ehefrau Marie Louise mit Glockengeläut empfangen. Im Hotel zum Riesen fand er am 12. Oktober 1813 zum letzten Mal nächtliches Quartier; da war er auf der Flucht und inkognito als Herzog von Vicenza unterwegs. Was es zum Abendessen gab (Solper, Sauerkraut und Kartoffelpüree) ist jedoch genauso überliefert wie sein Aufzug als italienischer Adelsmann. Mehrere Gedenksteine erinnern an die letzte Schlacht Napoleons bei Hanau und an die Verwundungen von General von Wrede.

Gedenkstein an der Kinzigbrücke

Schlossgarten

Zweihundert Jahre alte Bäume, zwei historische Brücken und die im Frühjahr duftende Rosenpracht: Ein Ort zum Wohlfühlen ist der Schlossgarten am nördlichen Ende der →*Altstadt*. Hier kann man am Wasser sitzen oder auf geschwungenen Wegen entlang von weit über hundert historischen Baumarten aus aller Welt flanieren. Zum Glück sind manche mit Namensschildchen versehen. Die 1830 gepflanzte, geschnörkelte Pyramideneiche etwa ist eine echte Baumrarität. Der Setzling stammte aus Babenhausen, wo die Ur-Mutter aller Pyramideneichen gezüchtet worden ist, die in Adelskreisen ein begehrtes Sammelstück war. Auch der Urweltmammutbaum gehört zu den Baumdenkmälern im Schlossgarten. Kurfürst Wilhelm II. hat ihn 1823 vergrößern und das Arboretum anlegen lassen. Wie sein Vater zuvor bereits in Wilhelmsbad Schnecken- und Karussellberg künstlich aufschütten ließ, hat durch ihn auch die Innenstadtresidenz einen sanften Hügel in der Umgebung bekommen. Und seine englische Großmutter, Maria, die Landgräfin von Hessen-Kassel, war es, die den Garten 1766 erstmalig angelegt hat – nach den neuesten gestalterischen Erkenntnissen ihres Heimatlandes. In der Nachkriegszeit und zuletzt für die Landesgartenschau 2002 wurde der Schlossgarten weiter verändert. Ein „bayerischer" Biergarten lädt nun am Congress Park Hanau

auf ein Kaltgetränk, sei es auf ein Weißbier oder einen „Krawallschoppen“, den speziell zum Andenken an die Hanauer Demokratiebewegung kreierten Apfelwein von Jörg Stier. An den Rosenrabatten kann man auch ohne Verzehrzwang schöne Stunden im Freien verbringen und der Ursprünge Hanaus gedenken. Kinder lieben den Spielplatz an der Eugen-Kaiser-Straße.

Die Pyramideneiche ist eine der Baumraritäten im Schlossgarten.

Folgende Doppelseite: Brücke am Schlossgartenweiher

Schloss Philippsruhe

Napoleons Schwester Pauline wollte es 1810 einfach nur loswerden, fand aber keinen Käufer. Die folgende Nutzung als Lazarett verursachte enorme Schäden, sodass Kurfürst Wilhelm II. von Hessen-Kassel Schloss Philippsruhe bis 1829 von Baumeister Johann Conrad Bromeis im Stile des Klassizismus renovieren ließ. Aus dieser Zeit stammen der Weiße Saal und das quadratische Teehaus am südwestlichen Parkende.

Das erste rechtsrheinische Lustschloss nach französischem Vorbild war ab 1701 bei Kesselstadt errichtet und immer wieder verändert und vergrößert worden. Schon im 17. Jahrhundert hatten sich die Hanauer Grafen am Main ein Landhaus anlegen lassen, das Katharina Belgia als Witwensitz diente. Nachdem es zum prächtigen Sommer- und Ruhesitz erweitert worden war, begann Graf Philipp Reinhard mit der Anlage eines großzügigen, mit kräftigen Mauern vor den Main-Hochwassern gesicherten Gartens. Er konnte die aufwendig stuckierten Innenräume nach den Plänen Julius Ludwig Rothweils, der den

Das Goldene Tor

Grundriss von Schloss Clagny bei Paris zum Vorbild nahm, 1712 gerade noch beziehen, bevor er in seinem neuen Schlafzimmer in Philippsruhe die ewige Ruhe fand. Die erste bauliche Vollendung fand unter seinem Nachfolger, Johann Reinhard III. von Hanau-Lichtenberg, statt, der den Garten erweitern und die →*Orangerie* erbauen ließ. Am 12. Oktober 1764 zog Erbprinz Wilhelm IX. mit seiner frisch angetrauten Gemahlin Karoline von Dänemark in Hanau ein. Er hat in der ganzen Stadt reichlich Spuren hinterlassen. Der ursprünglich streng geometrische, nach französischem Zeitgeschmack mit zwei Lindenalleen, Blumenbroderien und Gartenskulpturen bepflanzte Park wurde von seiner Mutter Maria anglisiert. Auch sein Sohn, Kurfürst Wilhelm II., nahm Änderungen vor. Nach der Annexion Kurhessens durch Preußen 1866 erhielt Landgraf Friedrich Wilhelm II. von Hessen-Rumpenheim das Schloss zugesprochen, unter dessen Ägide der dänische Architekt Ferdinand Meldahl das repräsentative Treppenhaus einbaute. Er hat auch dem Mitteltrakt die heute kaum mehr wegzudenkende Kuppel und den stets beflaggten Uhrturm aufgesetzt, Spiegel- und Reihersaal – längst schmuckes Trauzimmer der Stadt Hanau – eingerichtet. Vom Wasserturm an der Philippsruher Allee wurde die Fontäne im Ehrenhof betrieben.

Nicht der Zweite Weltkrieg, sondern die Löscharbeiten bei einem Großbrand im Jahr 1984 haben die Innenausstattung einiger Räume der Beletage zerstört. Nach vielfältigen Nutzungen des Schlosses, auch als Rathaus, zeigt das Historische Museum Hanau in den ehemals herrschaftlichen Schlaf-, Speise- und Repräsentationsräumen reiche Sammlungsbestände zu Kunst und Geschichte der Stadt.

Aufgang zur Beletage

Schloss Steinheim

Zwar wurde die Steinheimer Burg erstmals 1222 in einer Urkunde erwähnt, doch ist sie sicher älteren Datums. Die Basis einer aus dem Burgareal stammenden Basaltsäule kann in die Mitte des 12. Jahrhunderts datiert werden. Wahrscheinlich waren die Herren von Hainhausen und Eppstein die ersten Bauherren auf der Kuppe über dem Main. Aus ihren Reihen wurden bis 1305 die meisten Mainzer Erzbischöfe bestimmt. 1425 wurde nicht nur die Burg, sondern auch die Stadt →*Steinheim* für 38 000 rheinische Gulden an Konrad von Daun verkauft, der als Mainzer Kurfürst seine Macht am →*Main* ausbauen wollte. Steinheim, auf halber Strecke zwischen Mainz und Aschaffenburg, wurde zum wichtigsten Bindeglied zwischen den kurmainzischen Besitzungen. Der solitär stehende Bergfried stammt von ihm oder von seinem Nachfolger Dieter I. Schenk von Erbach,

der den Nordflügel anfügen ließ. Unter Kurfürst Daniel Brendel von Homburg wurde der Brunnen vor der Amtsregistratur gebohrt und ein Renaissancetreppenhaus ans Hauptgebäude angefügt, an der Stelle, wo sich heute der Museumseingang befindet. Das aktuelle äußere Erscheinungsbild des Steinheimer Schlosses wurde vor allem durch die Umbauten in klassizistischer Zeit unter dem letzten Mainzer Kurfürsten Karl Joseph von Erthal geprägt.

Neben einer Abteilung zur Burg- und Ortsgeschichte werden im Schloss die Funde zur regionalen Vor- und Frühgeschichte gesammelt, erforscht und präsentiert. Aus römischer Zeit stammen sehenswerte Zeugnisse des Mithraskultes und der Münzschatz aus →*Kesselstadt*. Wer den separaten Bergfried mit Verlies und Turmwächterwohnung besteigen möchte, muss auch zu Museumszeiten kommen: Den Schlüssel gibt's an der Museumskasse.

Steinheim

Friedensdenkmal

Groß-Steinheim auf dem Bergsporn über dem →*Main* war ab 1320 mit Stadtrechten und einer mächtigen Stadtmauer versehen. Klein-Steinheim, das wesentlich ältere Fischerdorf am flachen Mainufer, gewann erst mit der 1837 eröffneten Bahnverbindung an Größe und Bedeutung. In der NS-Zeit wurden Stadt und Dorf zu Steinheim vereint und während der Gebietsreform von 1974 zum nördlichen Nachbarn Hanau eingemeindet. Noch heute sind vielen Steinheimern die Grenzen der beiden Ortsteile bewusst. Gefeiert wird längst gemeinsam, vor allem am „Nationalfeiertag", rund um den 23. Juni. Dann sind alle Stadtteilbewohner in den Gassen ihrer Altstadt unterwegs, und am Mainufer wird das Johannisfeuer entzündet. Johannes der Täufer ist der Namenspatron der Gedächtniskirche, die mit der

Dilgesturm

Schmuckstück Steinheims ist die Altstadt mit vielen restaurierten Fachwerkhäusern.

Strahlenmadonna und dem Hutten-Epitaph aus der Renaissance sehenswert ist; das Altstadtfest wird seit gut hundert Jahren vom Heimat- und Geschichtsverein veranstaltet.

Anders als das calvinistische Hanau sind beide Steinheims nie reformiert worden. Sie unterstanden bis 1803 dem katholischen Mainzer Erzbischof, der auf dem Weg zu seiner Zweitresi-

denz in Aschaffenburg gerne im →*Schloss Steinheim* einen Stopp einlegte: zum Jagen in der Fasanerie und um die Steuern seiner Untertanen einzutreiben, die auf dem Wasserweg nach Steinheim gebracht und in den tiefen Kellern der Altstadt gelagert wurden. Steuern wurden damals noch nicht in Banknoten gezahlt, sondern mussten als zehnter Teil der erwirtschafteten Ernte abgegeben werden. In der restaurierten Zehntscheune kann man sich ein Bild der Steinheimer Unterwelt machen und gleich in zwei Kelleretagen hinabsteigen.

In den historischen Fachwerkgassen gibt es viele weitere bedeutende Gebäude: Marstall, Rathaus, Hofbrauhaus oder Huttenhof, der im 19. Jahrhundert Zigarrenfabrik war. In viele Häuser sind gemütliche Lokale eingezogen mit Freisitzen in urigen Innenhöfen oder am Platz des Friedens (früher Marktplatz), auf dem das älteste deutsche Friedensdenkmal aufgestellt ist. Der Mannheimer Kaufmann Louis Meyer-Gerngross, Jude und gebürtiger Groß-Steinheimer, hat den bronzenen Friedensengel mit

Gedächtniskirche St. Johann Baptist

Zolltürmchen und Stadtmauer am Radweg, im Hintergrund der weiße Bergfried

Ölbaumzweig 1911 gestiftet, der von dem an der Zeichenakademie und der Akademie der Künste in München ausgebildeten Künstler Georg Busch gefertigt worden ist. Beide wurden anlässlich der Aufstellung des Denkmals zu den ersten Ehrenbürgern der Stadt Groß-Steinheim ernannt. Während der NS-Diktatur wurde der Engel abgebaut und eingeschmolzen. Seit 1965 steht ein Nachguss wieder an seinem Platz, nun auch als Gedenkort für die Opfer des Holocausts.

Therme (römische)

Die Römer haben Spuren in Hanau hinterlassen. Vom ehemaligen Kleinkastell „Neuwirtshaus", das zum Obergermanisch-Raetischen Limes zwischen Rückingen und Großkrotzenburg gehörte (der als einstige Grenze des römischen Reiches heute unter UNESCO-Weltkulturerbeschutz steht), ist der ehemalige Wallgraben für das geschulte Auge noch zu erkennen. Wesentlich anschaulicher sind da schon die Reste einer römischen Ther-

Reste eines römischen Bades auf dem Kesselstädter Friedhof

me auf dem Friedhof von →*Kesselstadt*, die 1913 entdeckt und später ausgegraben wurden. Das Römerbad gehörte zu einem Kastell am Salisberg, das wohl im Jahr 92 nach Christus erstmals für Soldaten angelegt und wenige Jahre später nach Zerstörung erneut errichtet worden ist. Die hier stationierten römischen Soldaten sicherten einen frühen östlichen Wetteraulimes, der zu dieser Zeit noch von →*Mittelbuchen* an den →*Main* verlief. Nachdem er im oben beschriebenen Verlauf angelegt worden war, zogen die Soldaten ab. Was blieb, war eine über hundert Jahre florierende Zivilsiedlung, die weitreichend Handel trieb und mit Handwerkern, Gastwirten und allem Weiteren versorgt war, was zum kleinstädtischen Lebensalltag dazugehört. Nachmittags gingen die am Salisberg lebenden Römer und Römerinnen, nicht anders als die heutigen Bewohner am Main, gerne in die Sauna, um sich in den verschieden warmen Dampfbädern (nach Geschlechtern getrennt) zu entspannen, eine Massage zu genießen oder ein wenig Gymnastik zu treiben. Sogar über eine Fußbodenheizung verfügte das Römerbad.

Fibeln, Gemmen, kunstvoll bemalte Teller und ein Viergötterstein sind im Museum für Regionale Vor- und Frühgeschichte im →*Schloss Steinheim* erhalten. Die Sensation war 1996 der Fund durch den Hanauer Geschichtsverein eines auf Dinkelkörner gebetteten Münzschatzes in einem zerbrochenen Krug, wohl die gut verborgene und mit 488 Denaren gefüllte Sparbüchse eines Bewohners des Salisbergs. Als mindestens so bedeutend gilt die Bergung eines hölzernen Schreibtafelbruchstückes mit Quittung vom 5. April 130, die sich in einem Brunnen über die Jahrhunderte erhalten hatte und die älteste datierte Urkunde Deutschlands darstellt. Wo heute die Remisen von →*Schloss Philippsruhe* und die Alt-Kesselstädter Fachwerkhäuser stehen, ist übrigens noch ein früher geplantes Kastell nachweisbar. Die strategische Sicherung des Mainknies sollte erstmals bis circa 88/89 durch dieses außergewöhnlich große Kastell von 14 Hektar erfolgen, das allerdings schon während der Bauarbeiten wieder aufgegeben wurde. Auch die Steinheimer Mainseite haben die Römer bis Mitte des dritten Jahrhunderts besiedelt.

Vacuum-schmelze

Wenn wir mit dem Handy telefonieren, Aufzug fahren, im Kaufhaus einkaufen oder mit dem Flugzeug fliegen – immer ist dabei Hanauer Technologie im Spiel. Die Vacuumschmelze entwickelt magnetische Spezialwerkstoffe, etwa amorphe und nanokristalline Bänder, die als Lötfolien eingesetzt werden oder ein Bestandteil der Warenetiketten sind, die in Kaufhäusern Alarm auslösen, wenn jemand versucht, ein Kleidungsstück ohne Bezahlung an den Sperren am Ausgang vorbeizuschmuggeln.

Angefangen hat alles 1914 mit einem Vakuumschmelzofen in der Firma →*Heraeus*. 1923 wurde die Heraeus-Vacuumschmelze AG zur industriellen Fertigung gegründet, 1933 übernahm die Siemens & Halske AG die Aktienmehrheit, heute gehört die Vacuumschmelze zur amerikanischen OMG-Gruppe. Aus dem kleinen Hanauer Betrieb hat sich ein weltweit agierendes Unternehmen entwickelt, das mit über 4800 Mitarbeitern in über fünfzig Ländern sitzt und einen Jahresumsatz von rund 450 Millionen Euro einfährt. Hanau ist der bedeutendste Entwicklungsstandort mit 1500 Mitarbeitern und dem Werksgelände am Grünen Weg und Ehrichstraße von 154 000 Quadratmetern. Von hier aus werden alle wichtigen Aktivitäten koordiniert, alle Legierungen erschmolzen, die auch in China und Malaysia weiterverarbeitet werden.

Abb. oben links: Historische Schmelze

Abb. rechts: Beim Schmelzen

Völler, Rudi

Vom →*Lamboy* in die Stadien der Welt und in die Herzen der deutschen Fußballbegeisterten. „Es gibt nur ein' Rudi Völler, es gibt nur ein' Rudi Völler ..." Die Verehrung für den ehemaligen Torschützenkönig der Bundesliga, Nationalspieler, Weltfußballer und Bundestrainer hat es ins kollektive Liedgut geschafft. Rudolf Völler ist, nachdem er am 13. April 1960 in Hanau geboren wurde, in der Lamboystraße aufgewachsen. Seine sportliche Karriere begann beim TSV 1860 Hanau, wo sein Vater als Jugendbetreuer arbeitete und die Sportanlage an den Kinzigwiesen längst nach ihm benannt ist. Erste Profistation Rudi Völlers waren ab 1977 die Kickers Offenbach auf der anderen Mainseite, für die er 73 Spiele bestritt und 18 Tore schoss. Bis heute ist er Kickers-Fan geblieben. 1980 kam der Wechsel in die erste Bundesliga, zunächst zur TSV 1860 München, dann zu Werder Bremen, wo er in 137 Partien 97 Mal das Tor traf, später zum AS Rom, zu Olympique Marseille und zu Bayer 04 Leverkusen. 1990 wurde Rudi Völler als Stürmer mit der deutschen Nationalmannschaft Weltmeister. Als Bundestrainer führte er die Nationalmannschaft 2002 bei der Weltmeisterschaft in Japan und Südkorea ins Finale, wo sie Brasilien mit 0:2 unterlag. Großes Aufsehen hat sein „Ausraster" im Gespräch mit Waldemar Hartmann nach dem torlosen Remis gegen Island im Jahr 2003 in der ARD erregt, ihm aber wegen seiner Emotionalität auch weiter viele Sympathien eingebracht. Heute ist Rudi Völler Sportlicher Leiter bei Bayer 04 Leverkusen und seit 2002 Ehrenbürger der Stadt Hanau.

Die Rudi-Völler-Anlage im Tümpelgarten, Stadtteil Lamboy

Wallonisch-Niederländische Kirche

Eine gemeinsame Kirche für die eine Konfession der reformierten Neubürger, die aus dem Nordosten Frankreichs und den Spanischen Niederlanden über Frankfurt nach Hanau gekommen waren und französisch und flämisch sprachen: Einzigartig ist die bauliche Lösung, die in Hanau für die bilinguale Glaubensgemeinschaft gefunden wurde und ihrer calvinistischen Gesinnung Ausdruck verlieh.

Der namentlich nicht bekannte Baumeister schuf zwei voneinander getrennte runde Kirchenräume, die sich wie zwei Seifenblasen direkt aneinanderschmiegen. Um die Bedeutung von Gottes Wort zu unterstreichen und sich in der Architektur von Katholiken und Lutheranern abzugrenzen, stand in den neuen Predigerkirchen die Kanzel im Mittelpunkt, auf die sich die gebogenen Sitzreihen im Saal und auf der Empore bis heute hin ausrichten. Heiligen- oder Bilderverehrung war verpönt, sodass im wallonischen Teil nur die Wappen der Stadt und der Herkunftsregionen über der Kanzel gemalt waren. Heute findet man Bibelverse am Emporenrund. Damit die Predigten nicht zu kurz oder zu lang gerieten, waren an der Kanzel Sanduhren angebracht! Der Uhrturm der Doppelkirche wurde nach der Zerstörung am Morgen des 19. März 1945 nicht wieder rekonstruiert; das Uhrwerk steht heute im Eingangsbereich des Neustädter Rathauses. Das Dach des zwölfeckigen wallonischen Kirchteils, der am 29. Oktober 1609 mit einem ersten Gottesdienst eingeweiht worden war und mit 35 m Durchmesser zweitausend Gläubigen Platz bot, wurde als Mahnmal gegen den Krieg offen und ohne Fenster belassen. Im Innenhof lädt das Diakoniezentrum der Kathinka-Platzhoff-Stiftung ganz unauffällig in seine Begegnungsstätte. Der kleinere, achteckige Kirchenraum, der ab 1623 von der flämischen Gemeinde genutzt wurde, dient heute wieder der seit 1960 vereinten Wallonisch-Niederländischen Kirche zur Feier ihrer Gottesdienste, die seit dem 17. Oktober 1852 auf Deutsch abgehalten werden, zumindest im niederländischen Teil. 1870/71 wurde durch den Deutsch-Französischen Krieg und die Schließung der

Die Wallonisch-Niederländische Kirche ist heute auch ein Mahnmal für den Frieden.

wallonischen Gemeindeschule die französische Gottesdienstsprache unpopulär, jedoch noch zeitweise beibehalten. Mit dem Pensionseintritt von Pfarrer Nessler 1924 endete der in Französisch gehaltene Gottesdienst ganz.

Sogar politisch hat die Doppelkirche Geschichte geschrieben. August Schärttner veranstaltete in ihr am 2. und 3. April 1848 den ersten Deutschen Turnertag, zu dem Delegierte aus vierzig Vereinen im wallonischen Kirchenraum zusammenkamen. Turnvater Friedrich Ludwig Jahn reiste zur Gründungsversammlung des Deutschen Turnerbundes an.

Wetterauische Gesellschaft für die gesamte Naturkunde

Sie wurde neun Jahre vor der Senckenbergischen Gesellschaft aus der Taufe gehoben und den Frankfurtern als Vorbild empfohlen – von niemand Geringerem als Johann Wolfgang von Goethe, der nach ihrer Gründung am 10. August 1808 im unter französischer Herrschaft stehenden Hanau selbst der „Wetterauischen Gesellschaft für die gesamte Naturkunde" beitrat; seine Beitrittsurkunde ist erhalten. Auch Alexander von Humboldt, Justus von Liebig und Alfred Brehm zählen zu den berühmten Mitgliedern. Über 120 Briefe gingen zwischen Goethe und Carl Cäsar von Leonhard hin und her, einem der Gründungsväter dieses übrigens ältesten hessischen Vereins, der zunächst im Innenstadtschloss, später in der →*Hohen Landesschule* und ab 1868 im Kanzleigebäude am Schlossplatz untergebracht war. Leonhard übernahm 1818 an der Heidelberger Universität die erste Professur des Mineralogischen Instituts. Vier Jahre zuvor, im Oktober 1814, hatte er Goethe für fünf Tage in der Hanauer →*Altstadt* beherbergt, um sich mit ihm in aller Ruhe über Gesteinsarten auszutauschen.

Auch wenn sich die politische und geografische Bedeutung der Wetterau längst gewandelt hat – vor zweihundert Jahren verstand man darunter noch das ganze Gebiet zwischen Vogelsberg, Odenwald, Taunus und Spessart, in dem Hanau fast in der Mitte lag –, behält die bis heute rege Gesellschaft ihren traditionsreichen Namen bei. Naturkundliche Exkursionen, auch für Kinder, Vorträge und Veröffentlichungen werden zur naturwissenschaftlichen Forschung in den Bereichen Geologie, Mineralogie, Geografie, Botanik, Zoologie, Gewässerkunde, Klimatologie, Chemie und Physik angeboten. Eine Präsenzbibliothek mit geschätzten 28 000 in den letzten zweihundert Jahren gesammelten Bänden steht Interessenten zur Verfügung. Ein Naturkundemuseum mit Käfern, Schnecken, Schmetterlingen und Steinen in Vitrinen, präparierten Schlangen und Embryonen in Gläsern, wie wir es heute noch aus dem Senckenbergmuseum in Frankfurt am Main kennen, wurde im Krieg komplett zerstört. Noch in den Zwanzigerjahren war es an Sommersonntagen im Kanzleigebäude unentgeltlich zu besichtigen, wie Fotos aller Räume aus dem Jahr 1934 belegen.

Ein Gingkobaum wächst im Schlosspark von Philippsruhe. Goethes Lieblingsbaum ist ebenfalls ein Forschungsgegenstand der 1808 in Hanau gegründeten Wetterauischen Gesellschaft.

Wildpark Alte Fasanerie

Muffelwildlämmer, Babyelche, Wildschwein-Frischlinge, Rehkitze und Jungstörche – wenn die Tierkinder im Frühsommer zur Welt gekommen sind, ist im Wildpark Hochsaison; dann wird der Familienausflug in die Fasanerie, in der über vierzig Tierarten leben, zum ganz besonderen Erlebnis. Es lohnt sich, unter der Woche schon am Vormittag vorbeizuschauen, wenn die Muttertiere und ihr Nachwuchs hungrig sind. Bei den öffentlichen Fütterungen, die vor- und nachmittags stattfinden, sind die seltenen Tiere gut zu beobachten. Eindrucksvoll ist es aber auch, abends mit den Polarwölfen zu heulen. Scott, Ayla, Khan, Inuq, Monja und Aslan sind als Welpen in den Wildpark gekommen, wo sie von der Wildbiologin Dr. Marion Ebel mit der Flasche großgezogen worden sind. Längst ist das Rudel ein eingespieltes Team, das beim gemeinsamen Heulen sein Wohlbefinden und seine Zusammengehörigkeit ausdrückt; von Juli bis November kann man an dem Spektakel einmal im Monat zu Vollmond teilnehmen. Beliebt sind auch die Flugvorführungen des Falkners oder einer Falknerin, bei denen man Adlern, Eulen und Milanen beim Jagen zuschauen kann (März bis November). Bei den kleinen Wildparkbesuchern stehen

Hochseilgarten

aber die Zicklein ganz hoch im Kurs, da man sie eigenhändig füttern und streicheln darf. Auch ein Teil des Reh-Wildgeheges ist für Besucher zugänglich, sodass man auf Tuchfühlung mit den scheuen Tieren gehen kann. Ein tolles Erlebnis! Sonntags werden auch Ponyausritte und Kutschfahrten auf dem Wildparkgelände angeboten. Und wer sich selbst von Ast zu Ast schwingen will, hat dazu im Hochseilgarten an der historischen Fasaneriemauer Gelegenheit: Balancieren, Springen, Hüpfen, sogar Radfahren in zehn Meter Höhe, gehört in diesem Kletterparcours einfach dazu. Im Hessischen Forstmuseum geht es ruhiger zu, hier erfährt man so einiges über die pflanzlichen Bewohner des Waldes.

Heulender Polarwolf

Wilhelm IX.

Wilhelm wurde am 3. Juni 1743 in Kassel als ältester (überlebender) Sohn des späteren Landgrafen Friedrich II. von Hessen-Kassel und Maria von England geboren. Als sich seine Eltern elf Jahre danach scheiden ließen, wurde der Sohn aus dem Einflussbereich des Vaters genommen und zunächst in Göttingen unterrichtet, da Friedrich II. heimlich zum Katholizismus übergetreten war und damit die Voraussetzungen für die Verbindung nicht mehr erfüllt waren. Die Jahre 1756 bis 1762 verbrachte er in Kopenhagen, wo er dreizehnjährig mit seiner Kusine Karoline von Dänemark verlobt wurde. Nach der Heirat zog das Paar 1764 in die Grafschaft Hanau-Münzenberg. Wilhelms Mutter hatte hier bereits zwei Jahre zuvor die Regentschaft übernommen. Während sie am Stadtschloss und in Philippsruhe englische Gärten anlegte, war Wilhelm als Bauherr in der Residenz an →*Main* und →*Kinzig* rege. Besonders lag ihm das Theater und die Kuranlage →*Wilhelmsbad* am Herzen, die er neben seiner Fasanerie als Refugium errichten ließ, in dem er selbst die als Ruine errichtete Wasserburg bezog. Als er sich 1783 mit seinem Vater aussöhnte, verließ er Hanau nach zwanzig Jahren Regierungszeit und übernahm als Landgraf Wilhelm IX. die Geschäfte in Kassel. Als Hessen-Kassel 1803 durch den Reichsdeputationshauptschluss Kurfürstentum wurde, errang er den Titel Kurfürst Wilhelm I. von Hessen-Kassel. Im Krieg zwischen Preußen und Frankreich blieb er als solcher offiziell neutral, arbeitete aber heimlich Preußen zu, sodass er 1806 ins Exil fliehen musste. Nach der Niederlage Napoleons kehrte er 1813 nach Kassel zurück, wo er bis zu seinem Tod am 27. Februar 1821 absolutistisch regierte. Er wurde auf seinen Wunsch hin in der Löwenburg im Bergpark Wilhelmshöhe beigesetzt, die in der Burgruine in Wilhelmsbad ihre bauliche Vorgängerin hat.

Die Ehrensäule an der Birkenhainer Straße wurde auf Geheiß des Erbprinzen und späteren Landgrafen Wilhelm IX. von Hessen 1775 als repräsentativer Wegweiser errichtet. Der Sandsteinobelisk bezeichnet die alte Heer- und Handelsstraße nach Nürnberg und Dettingen.

Wilhelmsbad

Als im 18. Jahrhundert Ferienaufenthalte bei der oberen Schicht in Mode kamen, schossen die Kurbäder wie Pilze aus dem Boden. Die Wirkung von äußerlichen und innerlichen Wasseranwendungen hatte sich herumgesprochen. Spaziergänge im Grünen wurden zur beliebten Freizeitbeschäftigung. Auch bei Hanau wurde eine Heilquelle ausgemacht. Erbprinz →*Wilhelm IX.* von Hessen-Kassel ließ um den Gesundbrunnen ein Kurbad errichten, in dem zahlungskräftige Gäste nicht nur Heilung, sondern auch Vergnügen und Zerstreuung fanden. Sein Architekt Franz Ludwig Cancrin schuf in den Jahren 1777 bis 1782 eine lang gestreckte Anlage mit Kutschen-

Gesundheitsbrunnen an der Kurpromenade

remisen und drei Gästehäuser, Pavillons genannt, mit Badezimmern und Sälen für Spiele und Speise. Zusammen mit dem →*Comoedienhaus* sind sie an der Promenade in einer Linie aufgereiht. Eine künstliche Burgruine wurde auf ein Inselchen gesetzt, die außen pfui, innen aber hui mit Malereien von Anton Wilhelm Tischbein geschmückt ist und innerhalb von äußerst informativen Führungen besichtigt werden kann. Wilhelm IX. schätzte sie als persönlichen Rückzugsort mitten im Grünen. Er konnte sie über die Burgallee von →*Schloss Philippsruhe* aus unkompliziert mit der Kutsche erreichen. Hier fühlte sich Wilhelm frei von Pomade und Perücke, die er in Philippsruhe noch zu tragen gezwungen war; hier empfing er seine Mätressen. Auf der Nachbarinsel ganz in der Nähe dann eine Pyramide, Grabmal für das Herz seines ältesten, jung verstorbenen Sohnes Friedrich.

In Vorder- und Hinterpark führen geschwungene Wege durch eine sanfte Hügellandschaft mit Wiesen und Waldstücken. Während die schönen Beschaulichkeiten eine therapeutische Wirkung via Sehsinn erzielen sollten, was sie bis heute tun, wa-

Die Pyramide auf der Insel

ren auch Schauer hervorrufende Elemente wie die Teufelsbrücke hinter dem →*Karussell* oder ein Besuch der dunklen Grotte des Eremiten im Hinterpark vorgesehen. Für abwechslungsreiche Kontemplation und psychische Grenzerfahrungen war im Kurparcours also gesorgt, auch durch die Ingenieursleistung seines Architekten Franz von Cancrin, der zur Krönung des künstlichen Hügels im Westen ein Karussell im dorischen Tempel erfand. Auch wenn der Wilhelmsbader Park offiziell allen Untertanen zugänglich

war, konnten sich nur die Betuchten unter ihnen einen Kuraufenthalt leisten. Die Gelder für den Bau der gesamten Anlage wurden aus den Einnahmen genommen, die man durch die Vermietung der hanau-hessischen Soldaten an den englischen König Georg III. erzielt hatte, einen Vetter Wilhelms, der mit ihnen seine Streitkräfte im amerikanischen Unabhängigkeitskrieg gegen die aufständischen Nordoststaaten verstärkte. Wohl wissend, dass viele von ihnen nicht mehr den Heimweg antreten würden.

Trotz einer langen Liste ärztlich indizierter Heilwirkungen (wie gegen Kopfschmerzen, Herzklopfen oder Ohrensausen) wurde die Wirkkraft des Hanauer Wassers bald in Frage gestellt, sodass nachts heimlich Quellwasser aus Schwalheim bei Bad Nauheim herbeigeschafft werden musste. Aus einem langfristigen Geschäft mit der Kur in Hanau wurde aber nichts, doch eben deshalb hat das Architektur- und Parkensemble in seinem Originalzustand des späten 18. Jahrhunderts die Zeiten überdauert – spätere Modernisierungen fanden nicht statt.

Die künstliche Burgruine Wilhelms IX.

Am 22. Juni 1832, wenige Wochen nach dem Hambacher Fest, wo sich 60 000 Demonstranten getroffen hatten, kamen in Wilhelmsbad noch einmal 10 000 Menschen zusammen, die gegen Fürstenwillkür, Zensur und Zollschranken, kurz: für mehr bürgerliche Rechte protestierten.

Als Wilhelmsbad 1848 einen Fürstenbahnhof bekam, mit separatem Wartezimmer für Wilhelm II., von dem aus damals Züge bis nach München fuhren, konnte man den ehemaligen Kurpark, längst ein beliebtes Ziel für Tagesausflüge aus Frankfurt und der näheren Umgebung, auch hervorragend mit der Bahn erreichen. So ist es bis heute geblieben. Im Arkadenbau ist das →*Hessische Puppenmuseum* untergebracht. Das Comoedienhaus veranstaltet ein vielfältiges Programm. Die Parkwirtschaft neben der Minigolf-Anlage bietet Kaffee, Kuchen und Pizza auch im Freien an. Ein Highlight ist jedes Jahr im Juli die Wilhelmsbader Sommernacht, zu der Tausende von Musikliebhabern in den romantischen Park kommen, um bei Kerzenschein zu picknicken und sich am größten Klassik-Open-Air der Region zu erfreuen.

Wochen- und Weihnachtsmarkt

Nachts um halb eins eröffnen die Imbisse den Marktbetrieb. Nachtschwärmer wissen das zu schätzen. Sie lassen sich schon am frühen Samstagmorgen Nierenspieß und Currywurst gut schmecken. Die nächsten Marktbesucher kommen auf einen Kaffee vorbei, zum Beispiel an Luigis roter Ape. Bis 14 Uhr herrscht dann ein bunter Trubel zwischen der Metzgerzeile und den Blumenständen. Der Wochenmarkt zu Füßen der Brüder →*Grimm* ist Hanaus Dreh- und Angelpunkt – und eine Begegnung mit dem Umland. Landwirte aus der Wetterau, dem Vogelsberg und dem schon fränkischen Kahlgrund bieten hier ihre frisch geerntete Ware feil. Es gibt fast nichts, was es nicht zu kaufen gibt auf dem größten Wochenmarkt des Rhein-Main-Gebiets: Grüne Soße, Blutwurst und Rhönforelle für die regionale Identität, veganer Aufstrich und Vollkornbrot fürs grüne Gewissen. Auch französische Törtchen und türkische Feinkost werden *made in Hessen* angeboten. Als besonderes Highlight wird aber seit über achtzig Jahren Handkäse aus Hüttenberg verkauft. „Mit oder ohne?“ ist an dem kleinen Eckstand, an dem es nichts als Handkäse gibt, die entscheidende Frage. Die alteingesessenen Hanauer wissen sie längst zu beantworten, die neuen lernen es schnell hinzu: Denn ob man den hessischen Magerquarkkäse lieber mit oder ohne Kümmel zur Musik verzehren will, das ist nicht nur Geschmacks-, sondern reine Erfahrungssache.

Als Graf Ulrich I. 1303 für seine kleine Siedlung an der →*Kinzig* die Stadtrechte erhielt, da wurde „von jetzt an und in Zukunft“ auch der Mittwochsmarkt erlaubt, der über viele Jahrhunderte am Altstädter Markt vor dem (heutigen) →*Deutschen Goldschmiedehaus* stattgefunden hat. Erst nach Gründung der →*Neustadt*, die zweimal die Woche Markt halten durfte, kam der Samstag (allerdings erst 1616) hinzu.

Weihnachtsmarkt vor dem Neustädter Rathaus

Im Dezember findet rund um das Brüder-Grimm-Nationaldenkmal statt des Wochen- ein romantischer Weihnachtsmarkt statt. In den Fenstern des →*Neustädter Rathauses* wird jeden Tag ein Türchen von Hessens größtem Adventskalender mit einem Märchenmotiv der Brüder Grimm geöffnet.

Wolfgang

Einem dem Heiligen Wolfgang geweihtem Kloster des Servitenordens, heute romantische Ruine im Bulauwald südlich der Rodenbacher Chaussee, verdankt die bis 1972 selbstständige Mini-Gemeinde den Namen, die erst zu Großauheim und 1974 zu Hanau eingemeindet wurde. Wenige hundert Meter von den Klosterresten entfernt liegt, ebenfalls sehr idyllisch, ein von Graf Johann Reinhard III. erbautes barockes Jagdschlösschen in einer Waldlichtung, heute Forstamt, mit einer Samendarre und einer Ringelnatterkolonie in aufgeschichteten Holzscheiten in unmittelbarer Nachbarschaft.

1871 bis 1880 war auf Befehl aus Berlin die Königlich-Preußische Pulverfabrik im Bulauwald aufgebaut worden; über hundert Hektar Wald wurden dafür ge-

Klosterruine

Historische Samendarre und Forsthaus

Naturnahes Wohnen im Argonnerpark

rodet. In den Fabriken arbeiteten vor und während des Ersten Weltkriegs in erster Linie Frauen und Mädchen, die auch auf dem Werksgelände wohnten und hochexplosive Schießbaumwolle herstellten. Dass sich dabei ihre Gesichter dauerhaft gelb einfärbten und sie als „Kanarienvögel" gehänselt wurden, kümmerte damals niemanden. Auch nicht, dass bei Explosionen mehrere Menschen ihr Leben verloren.

Nach dem Ersten Weltkrieg mussten die kriegstechnisch relevanten Gewerke des Betriebs zerstört werden, und Hanau wurde für kurze Zeit zur militärfreien Zone erklärt. Schon ab 1933 nutzte die neue Besitzerin, die Firma Degussa, aber wieder weite Teile der Werksflächen. Unter den Nationalsozialisten entstanden in Wolfgang zahlreiche neue Wohnhäuser und zwei Kasernen, die nach 1945 von

den US-amerikanischen Streitkräften bezogen wurden.
In den Achtzigerjahren wurde Wolfgang als deutscher Produktionsstandort von nuklearen Brennelementen mit den Firmen Nukem und Alkem bundesweit bekannt. 2005 sind die letzten Brennelemente aus dem Spaltstoffbunker in Wolfgang abtransportiert worden. Seither ist Hanau atomfrei. Der im Jahr 2000 auf dem ehemaligen Fabrikgelände eröffnete Industriepark Wolfgang (eine Tochter der Evonik Degussa GmbH) beherbergt heute Hochtechnologiefirmen und neuerdings ein Fraunhofer Institut, das Seltene Erden erforscht. Im historischen Offizierskasino, das schon seit 1930 als Gasthaus genutzt wird, ist der Culture Club mit dem Restaurant Pulvermühle eingezogen. Seit dem Abzug der Amerikaner im Jahr 2008 werden die militärischen Flächen zum neuen Wohnviertel Argonnerpark konvertiert. Der ehemalige Truppenübungsplatz – wegen seltener Pflanzen unter Naturschutz – wird inzwischen von →*Przewalski-Urwildpferden* beweidet.

Der Culture Club im historischen Offizierskasino

Ypsilonhaus

Der Krieg ist vorbei, auf in die Zukunft! So ist die Bauweise der Nachkriegsmoderne zu verstehen, die keine Rücksicht auf Ruinen nahm, sondern den radikalen Neuanfang suchte. An der Nord- und Südseite des Freiheitsplatzes sind Wohn- und Geschäftshäuser der Fünfzigerjahre erhalten, die – für manch einen schwer nachzuvollziehen – unter Denkmalschutz stehen. Für das Ypsilonhaus, 1957/58 im Auftrag einer gemeinnützigen Wohnungs- und Siedlungsbau-Gesellschaft an Markt- und Bangertstraße errichtet, wurde das nur in Teilen zerstörte Stadttheater aus dem 18. Jahrhundert gesprengt. Statt für den Wiederaufbau der historischen Mauern entschied man sich für einen radikalen Neuanfang, ganz ohne die Spolien der Vergangenheit. Das zweiflügelige, wie ein sehr flaches Ypsilon mit dem Eingang zum Freiheitsplatz hin orientierte Wohn- und Geschäftshaus entstand als achtgeschossiger Stahlbetonbau, der die Ziele des Wiederaufbauprogramms der Fünfzigerjahre bestens verdeutlicht: Geschäftsbereiche und gehobener sozialer Wohnungsbau sollten im zentralen Innenstadtbereich miteinander kombiniert werden. Im Erdgeschoss erstreckt sich unter einem Eisenbetondach die lang gezogene Ladenzone; der aufgehende Bereich ist dem Wohnen vorbehalten. Die Balkone sind nach Süden orientiert, um viel Sonne einzufangen; zu diesem Zweck wurden auch die Fenster der Schmalseiten in bemerkenswerter Weise nach Süden ausgerichtet. Der asymmetrische Grundriss des Ypsilonhauses ist als typisches Stilelement der Bauweise der Zeit zu lesen, mit dem sich die Aufbruchstimmung nach dem Zweiten Weltkrieg ihren Ausdruck verschaffte. Die Ausrichtung auf den damaligen Großraumparkplatz auf dem Freiheitsplatz verdeutlicht die neue Wertschätzung des Individualverkehrs.

Zeichenakademie

Die ehemals Königliche, heute Staatliche Zeichenakademie ist eine der ältesten Aus- und Fortbildungsstätten für das Gold- und Silberschmiedehandwerk mit bedeutender Vergangenheit und internationalem Renommee. Träger ist das Land Hessen. Seit Neuestem ist auch die Brüder-Grimm-Berufsakademie integriert, an der Produktgestaltung und Designmanagement studiert und neben dem Gesellenbrief der Bachelorabschluss erworben werden kann.

Gegründet wurde die Zeichenakademie 1772 mit Unterstützung des Erbprinzen →*Wilhelm IX.*, der die Ausbildung des Hanauer Goldschmiedenachwuchses vor Ort sichern und teure Aufenthalte im Ausland vermeiden wollte. Wie der Name verdeutlicht, diente die Akademie zunächst der Zeichenübung. Das erste Gebäude, für das

Zeitgenössisches Silbergerät

auch Goethe einiges Lob fand, wurde in der Gärtnerstraße eröffnet. Erst 1880 zog man in das von einem der wichtigsten Architekten des 19. Jahrhunderts, Julius Carl Raschdorff, sein bekanntestes Bauwerk ist der Berliner Dom, erschaffene neue Gebäude in der Akademiestraße um. Zum Zeichenunterricht kamen nun handwerkliche Kurse wie Emaillieren und Ziselieren hinzu. Drei Jahre später durften erstmals auch Mädchen daran teilnehmen. Die erste Goldschmiedeklasse wurde 1889 eingerichtet.

Kaum ein bedeutender Künstler der Region, der seine Grundausbildung nicht an der Zeichenakademie erhalten hat: Moritz →*Oppenheim*, August →*Gaul*, Reinhold Ewald, August Peukert. Auch wichtige Designer machten ihre ersten künstlerischen Gehversuche in Hanau, darunter Wilhelm Wagenfeld, der später mit dem Bauhaus den serienmäßig gefertigten Gebrauchsgegenstand populär machte und zahlreiche berühmte Alltagsgegenstände entworfen hat, etwa die Bauhaus-Tischlampe von 1923/24. Oder Christian Dell, der in →*Kesselstadt* eine Werkstatt betrieb und später mit der idell-Schreibtischlampe von 1936 Designge-

Der moderne Anbau der Zeichenakademie aus den Jahren 2002–2004

schichte schrieb. Der Hanauer Peter Raacke setzt diesen Reigen mit dem Besteck mono-a von 1958 fort.
Heute kommen Studenten aus dem In- und Ausland nach Hanau, um an der Zeichenakademie die Berufe Gold- oder Silberschmied, Ziseleur (Metallbildner), Graveur oder Schmucksteinfasser zu erlernen. In der zweijährigen Fachschule können außerdem die Titel Staatlich geprüfter Gestalter und Meister/Meisterin erworben werden. Im Zentrum der Ausbildung steht neben soliden Werkstattkenntnissen und theoretischem Fächern wie Kunstgeschichte und Edelsteinkunde der Unterricht in Plastischem Gestalten, Gegenständlichem Zeichnen und Entwurfslehre. Techniken wie Emaillieren, CAD, CNC, Typografie, aber auch Schmuckfotografie und Aktzeichnen runden das moderne Ausbildungsprogramm ab. Statt normativen Gestaltungsvorgaben werden themen- und problemorientierte Arbeitsweisen gefördert, die zu innovativen Lösungen führen.

Literatur (Auswahl)

Gerhard Bott, Heilübung und Amüsement, Das Wilhelmsbad des Erbprinzen, Hanau 2007.

Dunlop Aktiengesellschaft (Hg.), Es begann mit Luft. Die Idee des John Boyd Dunlop und was daraus wurde, Hanau 1968.

Ingo Hermann, Knigge. Die Biografie, Berlin 2007.

Klaus Hoffmann, Die Schloss- und Parkanlagen von Philippsruhe im 19. Jahrhundert, Hanauer Geschichtsblätter, Bd. 32, Hanau 1994.

Carolin Krumm, Kulturdenkmäler in Hessen – Stadt Hanau, hg. v. Landesamt für Denkmalpflege Hessen, Wiesbaden 2006.

Bertold Picard, So alt wie die Bulau – Spazierwege durch die Geschichte Großauheims, Hanau 2007.

Rainer von Hessen (Hg.), Wir Wilhelm von Gottes Gnaden. Die Lebenserinnerungen Kurfürst Wilhelms I. von Hessen 1743–1821. Frankfurt am Main 1996.

Richard Schaffer-Hartmann (Hg.), Stadtzeit Kesselstadt – Schlaglichter auf zwei Jahrtausende, Hanau 2009.

Hans-Georg Schede, Die Brüder Grimm, Hanau 2009.

Ilse Werder, Hanau Weiblich, Hanau 2006.

Ernst Zeh, Hanauer Fayencen, Hanau 1978.

Anja Zeller, RadRheinMain – Die schönsten Touren rund um Frankfurt, Hanau, Wiesbaden & Mainz, Hanau 2011.

Ernst J. Zimmermann, Hanau – Stadt und Land. Kulturgeschichte und Chronik einer fränkisch-wetterauischen Stadt und ehemaligen Grafschaft (1919), Neudruck Hanau 1978.

Abbildungsnachweis

Michèle Assmus, Seite 123

Ursula Ehnes, Seite 10 (oben)

Goodyear Dunlop Tires Germany GmbH, Seite 21 (links unten)

Heraeus Bildarchiv, Seite 43

Hindemith Institut Frankfurt, Seite 48

Axel Hopf, Seite 74

Siegfried Johne, Seite 78

Axel Karl, Seite 23

Kulturstiftung der Länder, Berlin, Seite 95

Medienzentrum Hanau, Seite 94 und 105

Office de Tourisme Pays de Hanau et Val de Moder (F. Zvardon), Seite 40, 42 und 43

Staatliche Zeichenakademie, Anne Kaden, Seite 136

Sven Teschke, Seite 17 und 128

Vacuumschmelze, Seite 114 und 115

Anja Zeller, 15, 18 (oben), 24, 26, 27, 28, 33, 47, 54, 62 (links), 63, 69, 84, 92, 93, 121, 135

Alle anderen Abbildungen stammen von Doris Schneider, www.fotofreude21.de

Adressen

Tourist-Information Hanau
Am Markt 14–18, 63450 Hanau
Telefon 06181/295950
www.hanau.de
Informationen und Stadtführungen

Deutsches Goldschmiedehaus
Altstädter Markt 6, 63450 Hanau
Telefon 06181/256556
www.gfg-hanau.de, www.hanau.de
Di–So 11–17 Uhr

Hessisches Puppen- und Spielzeugmuseum
Parkpromenade 4
63454 Hanau-Wilhelmsbad
Telefon 06181/86212
www.hessisches-puppenmuseum.de
Di–Fr 10–12 Uhr, 14–17 Uhr, Sa, So 10–17 Uhr

Historisches Museum Hanau
Schloss Philippsruhe
Philippsruher Allee 45
63454 Hanau-Kesselstadt
Telefon 06181/295571
www.hanau.de
Di–So 11–18 Uhr
Museumscafé

Museum Großauheim
Pfortenwingert 4
63457 Hanau-Großauheim
Telefon 06181/573763
www.hanau.de
Samstag/Sonntag 11 bis 17 Uhr, unter der Woche Termine nur nach Vereinbarung

Schloss Steinheim – Museum für regionale Vor- und Frühgeschichte
Schlossstraße 9
63456 Hanau-Steinheim
Telefon 06181/659701
www.hanau.de
Do–So 10–12 Uhr, 14–17 Uhr

Staatliche Zeichenakademie Hanau
Akademiestraße 52, 63450 Hanau
Telefon 06181/31597
www.zeichenakademie.de, www.bg-ba.de

Wildpark Alte Fasanerie
Fasaneriestraße 106
63456 Hanau-Klein-Auheim
Telefon 06181/61833010
www.erlebnis-wildpark.de
15. März bis 31. Oktober 9–18 Uhr,
1. November bis 14. März 9–16 Uhr
Sa, So und Feiertage 9–17 Uhr

Inhalt

Umschlaggestaltung vorne unter Verwendung von Motiven aus dem Buch
Abbildung hinten: Moritz-Daniel-Oppenheim-Denkmal, Doris Schneider
Vorsatz: Forum Hanau, Doris Schneider
Nachsatz: Stadtplan

Bibliografische Information der Deutschen Nationalbibliothek

Die Deutsche Nationalbibliothek verzeichnet diese Publikation in der Deutschen Nationalbibliografie; detaillierte bibliografische Daten sind im Internet über http://dnb.dnb.de abrufbar.

2., überarbeitete Auflage 2019

Gesamtherstellung: Husum Druck- und Verlagsgesellschaft
Postfach 1480, D-25804 Husum – www. verlagsgruppe.de

ISBN 978-3-89876-633-3

Hanauer Vorstadt
Kleine Hainstr.
Eugen-Kaiser-Straße
Ramsaystr.
Heinrich-Bott-Straße
19
Nordstraße
Kinzig
45
Katharina-Belgica-Str.
Johannes-
kirch-
platz
10
Im Schloßhof
Steinstraße
Eberhardstraße
Hospitalstraße
Metzgerstr.
2
13
Badergasse
Nordstraße
Sandeldamm
Nussallee
Am Frankfurter Tor
Im Bangert
Fischerhüttenweg
7
14
5
Bangertstraße
26
Marktstraße
11
Rühlstraße
Jahnstraße
Am
Freiheitsplatz
Freiheitsplatz
Nussallee
Bleichstr.
Sternstraße
Mühlstraße
Mühltorweg
12
45
Steinheimer Straße
Langstraße
Langstraße
Leimenstraße
Am Steinheimer Tor
Krämerstraße
Salzstraße
Hirschstraße
Leimenstraße
15
Kanaltorplatz
Römerstraße
Am Markt
Nürnberger Str.
Grüner Weg
Philippsruher Allee
Glockenstr.
Steinheimer Straße
Altstraße
Französische
Lautenschlägerstr.
Am Ballplatz
Gärtnerstraße
23
Allee
Allee
Röderstraße
Hahnenstr.
Französische
Schüt-
Schnurstr.
zenstraße
Wallweg
Am Steinheimer Tor
Gärtnerstraße
Stresemannstraße
Leipziger Straße
Wallweg
Friedrich-Ebert-Anlage
Willy-Brandt-Straße
45